销售人员四阶全程培训系列

成熟期
销售系统训练

秦 毅 ◎ 著

北京大学出版社
PEKING UNIVERSITY PRESS

图书在版编目（CIP）数据

成熟期销售系统训练/秦毅著. —北京：北京大学出版社，2010.10
（销售人员四阶全程培训系列）
ISBN 978-7-301-17833-1

Ⅰ. 成… Ⅱ. 秦… Ⅲ. 销售—方法 Ⅳ. F713.3

中国版本图书馆 CIP 数据核字（2010）第 186605 号

书　　　名：	成熟期销售系统训练
著作责任者：	秦　毅　著
责 任 编 辑：	于海岩
标 准 书 号：	ISBN 978-7-301-17833-1/F·2592
出 版 发 行：	北京大学出版社
地　　　址：	北京市海淀区成府路 205 号　100871
网　　　址：	http://www.pup.cn
电　　　话：	邮购部 62752015　　发行部 62750672
	编辑部 82893506　　出版部 62754962
电 子 邮 箱：	tbcbooks@vip.163.com
印　刷　者：	北京嘉业印刷厂
经　销　者：	新华书店
	787 毫米×1092 毫米　16 开本　14.25 印张　191 千字
	2010 年 10 月第 1 版第 1 次印刷
定　　　价：	32.00 元

未经许可，不得以任何方式复制或抄袭本书之部分或全部内容。
版权所有，侵权必究
举报电话：010-62752024　电子邮箱：fd@pup.pku.edu.cn

目录

阅前总自检 ·· V

前　言 ·· VII

引子　尼莫的故事之远望山林 ·· 1

第一章　成熟期销售人员的培训要点

一、成熟期销售人员的七大问题 ·· 9

　　做业务工作已经四五年了,每天见到的还是那几个客户,每天面对的还是那几件事情,每天听到的还是经理整天唠叨的"单子签下来没有? 货发出去没有? 回款到位了没有? 明年的业绩有着落了没有"。对这种生活似乎已经失去了激情,感觉不到自己的成长,看不清自己未来的方向……

二、成熟期的培训要点 ·· 18

　　对于销售人员的四个成长周期,每个阶段都有不同的重点,那么到了成熟期,又应当把哪些知识的更新、技能的提高以及观念态度的塑造作为训练的重点呢?

第二章　运用销售漏斗管理销售机会

一、销售漏斗管理法的用途 ·· 29

　　销售部正在召开产销协调会,大家七嘴八舌,争论不休。提前下订单生产,担心货卖不出去造成积压;等接到订单再生产,又无法满足客户要求的交货期限。两难选择,实在令人举棋不定,其实解决的办法非常简单!

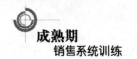

二、销售漏斗管理的具体步骤 ··· 37

　　想把握客户的采购进程,就必须讲方法、按步骤,销售漏斗管理是一套体系,共分成六个紧密衔接的具体动作,只有操作得当,才能实现初衷!

三、销售机会汇总表 ··· 52

　　关键性的表格,往往是操作步骤的核心,对于销售漏斗管理,也是如此,而这张浓缩了六步骤的关键表格,就叫做"销售机会汇总表"!

第三章　销售人员的自我管理

一、销售人员自我管理中的常见问题 ·· 61

　　从常规来讲,对成熟期销售人员而言,他们负责的区域市场会更大、负责的客户级别会更高、负责的产品类型会更多样,因此他们每一天都会面临一大堆的事情,有客户订单、有确认发货、有新品上市、有客户拜访、有内部协调……此时,如果缺乏必要的自我管理意识和方法,就会顾此失彼、手忙脚乱,一天从早忙到晚,却收效甚微!

二、销售人员自我管理的常用方法 ·· 75

　　既然自我管理对于成熟期的销售人员来讲至关重要,那么到底应当如何进行自我管理?遇到事情应当如何分清轻重缓急?在几件事情都非常紧迫时,到底应当如何取舍呢?

三、销售人员自我管理的常用表单 ·· 91

　　方法与程序的实施,依然离不开表单。在销售人员的自我管理与工作效率的提升方面,有三张表格最为常用和重要!

第四章　气愤抱怨情绪的形成与扭转

一、观念态度的形成机制 ·· 101

　　许多不同机构的调查最终却得出了同样的结论,那就是最终决定一个销售人员业绩的,尤其是长期业绩表现的因素,不是这个销售人员的产品知识,也不是其与客户的沟通技巧,而是对待工作、对待客户、对待学习以及对待自己未来职业发展的态度!但态度是怎样形成的?为什么不同的人对待同一件事会有不同的看法?这种看法又能否被改变呢?

二、销售人员气愤抱怨情绪的调整 ················· 115

见到新人刚来就待遇很高且颇受领导重视,感觉自己辛苦了好几年却没有得到应有的回报,发现自己要想获得更高的收入还得满足公司所提出的更高要求,于是气愤抱怨的情绪便开始滋生并发作起来……面对此种负面的观念态度,作为管理者必须要进行调整,并且还要注意方式方法!

第五章 成熟期销售人员疲惫感的形成与调整

一、成熟期销售人员疲惫感的外在表现 ················· 131

作为销售部的佼佼者,阿东做业务工作已经五年多了,并且连续三年成为销售标兵。虽然部门领导和公司老板都对其寄予厚望,但近期阿东的表现实在令人失望:开会经常迟到,工作吊儿郎当,业绩开始下滑,精神萎靡不振,整天头不梳、脸不洗,一副失魂落魄的样子……

二、成熟期销售人员疲惫感的形成原因 ················· 136

疲惫感对成熟期销售人员的杀伤力极大,甚至会使一个前途无量的业务精英夭折,但要想实施有效的干预和调整,就必须了解产生疲惫感的原因,才能做到对症下药!

三、成熟期销售人员疲惫感的干预和调整 ················· 143

疲惫感是成熟期销售人员的常见病,要想对其实施有效的干预和调整,管理者必须做到因地制宜,即根据成熟期销售人员不同的表现,制定相应的"预防、治疗、急救"的策略!

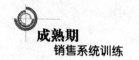

第六章 销售教练与在岗辅导

一、为什么要在团队中引入教练及在岗辅导 ········ 165

吉鸿,销售部总监;裴松,培训部经理。两人就培训内容如何贴近实际、培训效果如何落到实处、培训费用能否换来业绩等问题争执不下,而解决二人争论的最佳做法,就是一方面引入外部的培训资源,一方面推行内部的在岗辅导。

二、在岗辅导的关键步骤 ········ 177

不同于简单的随机指点或经验分享,在岗辅导必须要对结果负责,即辅导必须达到预期业绩目标!而要做到这一点,就必须严格遵循辅导的六个步骤,认真执行各步骤的核心要点,还要时刻与被辅导者积极互动才行!

三、销售教练的选拔与培养 ········ 200

毋庸置疑,教练的水平对于辅导效果的影响作用十分巨大,那么一个好的销售教练必须具备哪些条件?用哪些方法可以准确评估其教练潜力?选定了准教练之后,又应当安排其接受哪些培训呢?

参考答案 ········ 206

后记 ········ 216

阅前总自检

在翻开本书仔细阅读之前,请先做一个简单的自检,这既能够帮助你回顾处在成熟期销售人员的日常表现,又能使你初步了解本书的结构和内容。

好,让我们开始吧!

测 评 项	× 或 √
1. 公司对成熟期销售人员(4年以上销售经验)的常见问题是否做过总结?	
2. 公司是否有专门针对成熟期销售人员的培训计划?	
3. 公司是否对成熟期销售人员的绩效状况及原因做过分析?	
4. 在公司的销售团队里,是否普遍使用待办清单、行事月历、协调计划表等时间管理工具?	
5. 一般情况下,公司是否能够按客户的交货期限交货?如果存在交货期延误的现象,公司是否对造成交货期延误的实质原因做过分析?	
6. 你是否了解"客户漏斗管理法"?你的销售团队是否使用过此方法?	
7. 当员工的工作态度发生问题时,你能否非常顺利地加以调整?	
8. 你是否熟悉态度的形成机制及调整的步骤?	
9. 在你的销售团队中,是否有经常气愤抱怨的老业务员?	
10. 面对一个经常抱怨公司、指责他人、埋怨同事的成熟期销售人员,你是否有既定的调整办法?	
11. 公司的成熟期销售人员现在是否依然对销售工作充满激情?	

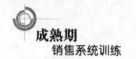

(续表)

测评项	× 或 √
12. 公司是否做过针对销售人员的职业成长规划?	
13. 公司在培养销售团队的过程中是否推行过"导师制"?	
14. 在你的销售团队中,是否有专职的销售教练?	
15. 在你的销售团队中,"在岗辅导"这种训练形式是否被普遍应用?	

以上15个问题,实际是本书要点的折射,如果对其中的12个问题,你的回答都是肯定的,说明你对成熟期销售人员的训练和指导做得很到位!

但如果有相当一部分问题的回答为否定或无法确定的话,也没有关系,让我们共同阅读此书,系统了解成熟期销售人员的特点,以及针对这一群体如何进行有效的辅导和培训吧!

前言

伴随着销售人员在成长期的出色表现，销售队伍的管理者似乎有理由相信，当一个销售人员进入成熟期，即在公司做业务四五年以后，似乎业绩应当更加出色、工作应当更加敬业、服务客户应当更加具有创造性……

但事与愿违，当一个销售人员做到四五年之后，懒散、疲惫、自以为是、牢骚抱怨等不良情绪开始抬头，原以为可以成为团队领头羊的他们，此时却在拖团队的后腿，最终成了领导手中的烫手山芋……

上述现象并非偶然，其实也是销售人员成长规律的一种客观反映，此时销售队伍管理者最应该做的，就是调整销售人员的心态、引导他们的思维、辅导他们的技能并给他们指明成长与发展的方向。

但许多事情都是"知易而行难"，尤其是改变他人，并且不要忘记，此时要改变的对象可不是销售新兵，而是已经进入成熟期的老销售人员，他们业务精通，技能熟练，客户广泛，并且拥有过辉煌的过去……

但作为管理者，此时必须知难而上，因为改变这些老销售人员，不仅对他们自己，而且对整个团队都至关重要。此时的管理者应当遵循成熟期销售人员的个性特点，结合此阶段销售人员所面临的典型问题，组合运用多种教育训练方法，在知识、技能和观念态度上，对这些老销售人员实施有针对性的辅导和帮助，从而使这些处在成熟期的销售人员重新振作，为团队也为他们自己创造更辉煌的明天！

引子

尼莫的故事之
远望山林

已经是夕阳斜照，落日的余晖洒向深秋的树林，此时的尼莫正闲庭信步般地盘旋在空中，时而抖动一下翅膀，时而顺势滑翔……

但其实尼莫的注意力高度集中，这次的目标锁定在同样是脚下山丘的霸主、一条长1米多的黑眉蝮蛇身上。

这家伙与尼莫已经交锋数次，尼莫曾亲眼看到这个黑褐色的幽灵闪电般地蹿出，将尼莫一直紧盯着的一只雉鸡活生生吞下，并经常向尼莫半立起身，露出两颗弯钩状的尖牙，似乎在说："离这儿远点儿，小子，小心你的下场与它一样！"

但尼莫不能放弃，因为随着冬日的来临，能找到的食物越来越少，尼莫必须消灭这个领地中的最后一个劲敌。

耐心总是必要的，一只傻乎乎的乌鸦又登上了那家伙盘踞的枝干，尼莫完全可以预见它的未来。果然，趁着乌鸦梳妆打扮、呼朋引伴的时候，那蝮蛇以蚂蚁都无法察觉的动作慢慢向其靠近，在最后只有不到1米的地方稍微停顿了一下，然后箭一般地蹿了上去……

"好身手！"尼莫不禁暗暗赞叹，但同时又涌动出一阵狂喜，"这是个千载难逢的好机会，让你尝尝'螳螂捕蝉，黄雀在后'的滋味吧！"想到这儿，尼莫灵巧地收拢双翅，整个身体顿时自由落体般开始下坠，尼莫顺势抖动翅膀，闪电般地扑向蝮蛇……

那个正准备享受美味乌鸦的家伙，此时也察觉到了空气中气流的剧烈变化，意识到空前的灾难就要来临。它拼命张开大嘴想把乌鸦吐出，

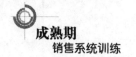

以便用它最锐利的毒牙应战，可怎奈这一口咬得太深，想要松口谈何容易？转瞬间它觉得后颈已经被一双利爪紧紧抓住，并且整个身体也被尼莫忽地一下抓到了空中……

一场殊死的搏斗开始在半空中上演。那蝮蛇借着上升的反作用顺势甩掉了嘴里的乌鸦，一边用力地转头，一边将自己的尾部搭上尼莫的翅膀，妄图用身体缠住尼莫，使对手丧失飞行的能力，同时再给对方致命一击。此时的尼莫也已经感到了威胁在加剧，右边的翅膀开始迟缓，更可怕的是自己虽然双爪抓住了蝮蛇的后颈，但那家伙不知怎的身体格外滑腻，并且在尾部搭上自己的翅膀后，很快扭过头来，森白的牙齿已经扑向自己。"好小子，真有你的，不过我还有后招，你给我见鬼去吧！"几乎就在蝮蛇扑向自己的同时，尼莫双爪一松，同时猛地震动双翅，瞅准一块岩石把蝮蛇狠狠地摔了下去……

那蝮蛇大号的身躯此时成了它致命的累赘，伴随着"啪"的一声响，整个身体被重重地从几十米高的半空摔下，疼得它几乎昏了过去，但还没等它完全清醒过来，就又被尼莫抓起。这次它已经没有多少抵抗的力量了，还没等尾部搭上尼莫的翅膀，就再次被重重地摔了下来，一次、两次、三次……渐渐彻底失去了知觉。

不知不觉间，金色的余晖已经代替了夕阳，尼莫又一次抓起已经彻底疲软了的对手："哈哈，你这不可一世的家伙，这下没戏了吧！"尼莫一边想着一边振动双翅，但就在上升的一刹那，忽然一阵风被岩壁反射回来，在空中将尼莫打了个趔趄，"好冷的风，最近的山风越来越硬，我还是快点回家吧！"这一阵阴风将尼莫获胜的欣喜吹散了不少。其实几天前尼莫就已经感到了山风不同以往的阴冷，心里泛起强烈的不安。

那个夜晚，山林第一次经历了大风的洗礼，尼莫几乎彻夜未眠，呼啸、寒冷、摇晃，筑巢用的枝草也随风飘舞……

终于盼到天亮，当太阳再次升起的时候，尼莫眼前的山林一夜之间就变了景象，遍地是金黄的落叶，树木都光秃秃地露出了枝干，树梢上

引 子
尼莫的故事之远望山林

的几片叶子也无精打采,虽然阳光清澈但满目凄凉。"哎呀,冬天来得好快,幸亏我昨晚没睡着,要不然,说不定也给大风刮跑了!"虽然心存一丝庆幸,但尼莫明白自己必须立即行动:"今天的任务有两个,一是再找些树枝加固自己的窝棚,二是必须多找些食物储备起来!"想到这儿,尼莫抖擞精神又冲向了山林……

到了傍晚,山风又开始了低嚎,并且比昨日更响。尼莫拖着疲惫的身子又回到了枝丫上的窝棚,心烦气躁:"怎么搞的?树枝倒是好找,可食物却一点影子都没有,那些平时四处乱窜的家伙,怎么今天都没了踪影,难道它们都被大风刮跑了?不行,明天再去更远的山林找找!"

三天过后,尼莫几乎陷入绝望,此时的山林已经彻底变成了灰色,连树梢上的几片最大的叶子也已飘落,山间的小河已开始上冻,变成了断断续续的小溪,估计今晚就会冰封,食物更是难觅踪迹,它们早已深藏洞穴,根本无法找到!

"怎么办?天气越来越冷,没有食物,没有饮水,夜晚的狂风又会随时吹翻自己的爱巢!"尼莫此时深刻感受到了前所未有的危机,他突然意识到自己必须做出重大的抉择,"不行,再这样下去,情况只会越来越糟!我必须离开这里,到温暖的南方,才能有机会再看到这绿色的山林!"想到这儿,尼莫突然来了点儿精神,他微振双翅,轻松跃上了一个高崖,向着太阳的方向远眺……

远处,群山连绵,一眼望不到边际,北风依然呼啸,似乎也看不出南方能温暖多少。"哎呀,真的需要去南方吗?那可要穿过连绵的群山,要飞过无数的河流,说不定还要飞越浩瀚的大海,征途遥远且凶险无数……这里虽然寒冷,但我起码熟悉这山林里的一切,知道哪里有小河,哪里有树丛,哪里有田鼠,哪里有山鸡,就连最大的对手毒蛇也已经被我征服。但如果要去遥远的南方,路上的艰辛自不必说,就算到了气候适宜的山林,我恐怕也需要一切从头开始。但是,如果不走,北风越来越冷、食物越来越少……"尼莫思前想后,不知不觉中太阳又匆匆落下

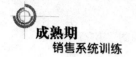

山去……

那一夜的风并不阴冷,相反,尼莫在巢中还感到了一丝暖意,这温暖让尼莫感到格外舒服,他睡得很深很甜……

睡梦中,山林又变成了绿色,有树叶,有青草,有野兔,那野兔满山遍野地奔跑,尼莫疯狂而兴奋地追逐着,穿过熟悉的丛林,越过山谷中的那条小溪,跨过每天必过的山冈,最后来到了一座山崖下……"咦,这地方好熟悉呀!以前肯定来过,而且不止一次……啊!想起来了,这是妈妈的山崖,是我跟哥哥们一起长大的地方!妈妈,哥哥,你们在哪儿?"尼莫边呼喊着边快速飞上那峭壁间熟悉而温暖的小屋,他坚信妈妈和哥哥们就在那里,正等待他团聚……但突然,峭壁上出现了一个熟悉的身影,她高高地屹立在斜伸出来的枝杈顶端,被斜射的阳光笼罩着,正是妈妈。但此时的尼莫有些吃惊,因为妈妈的目光不是慈祥而是充满严厉甚至冷酷。"妈妈,我是尼莫,我回来了,您怎么用这种眼光看着我?您不认识我了吗?"尼莫不停地呼唤,语气近似哀求,但换来的不是妈妈慈祥的笑容,而是俯冲下来后闪电般地扑打。尼莫被妈妈有力的翅膀打得在空中翻了个跟斗,刚刚落在一个树枝上还没有站稳脚跟,妈妈的利爪又凶狠地抓了过来。尼莫慌忙后退,但几片羽毛已随风飘下山谷。"妈妈,这是怎么回事儿?我是尼莫,我想回家!"尼莫一边哀求一边继续后退,但妈妈一言不发地继续追赶、扑打、撕咬……恍惚中妈妈追赶的不再是自己,而变成了大哥,尼莫又想起了儿时离家的那一幕:大哥在奔跑、哀求;二哥来不及说话就被妈妈赶下山谷;三哥绝望地抓着枝干,任凭妈妈的利喙在身上撕咬;最后是自己,面对山林,义无反顾地一跳……霎时间尼莫感到到处都是妈妈严厉的目光,到处都是大哥散落的羽毛,二哥正在一跳一跳地奔逃,耳边是三哥绝望的呼喊,这呼喊带动着树枝剧烈摇晃,最终"咔"的一声巨响,整个巢彻底颠覆……

尼莫本能地振动翅膀,忽地从梦中惊醒。他一飞冲天,跃上另一个枝头,回头一看,自己的小屋居然真的拦腰折断。"好险呀,幸亏醒得及时，要不然身体卡在树枝上可不得了！"尼莫紧紧抓着树枝，仍然惊魂未定，脑海中还浮现着刚才的梦境。"嗨，真是搞不懂，当时妈妈为什么那么坚决地赶我们走，容不得半点商量，要是我们不离开家，现在大家待在一起多好，至少我和大哥都可以去捕猎，妈妈您肯定想不到，我现在连毒蛇都能对付了，就更别说野兔、田鼠、山鸡，那些根本就不在话下！"尼莫想到自己的本事，脑海里不由得闪过一丝欣慰，但突然，他心头一震，猛然想到，"哎？是不是这样啊，妈妈当时铁着心肠赶我们走，就是逼着我们离开温暖的家，离开对她的依赖，这样我们才能真正面对挑战，才能真正练就一身本领，才能真正独立地活下去！对，一定是这样，如果我现在依然待在家里，每天除了盼着妈妈带吃的回来，肯定一无所获，那就绝对没有这片山林，绝对没有今天的我！"想到这里，尼莫心里一下子敞亮了许多，他飞上岩壁的最顶端，俯瞰着这片熟悉的山林……

此时夜色已开始渐渐褪去，天边显出一丝白色，大地被淡淡的晨曦笼罩着。"对，妈妈逼着我们离开家、离开对她的依赖，现在我也应该逼一逼自己，这片山林我虽然熟悉，但必须离开，离开对这片山林的依赖，往南方走，等春暖花开的时候再回来！"想到这里，尼莫几天来的郁闷一扫而光，觉得眼前豁然开朗。他奋力展翅，在空中翱翔……

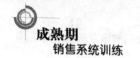

　　天空已开始发亮，山林的轮廓慢慢清晰起来，尼莫在空中盘旋，他要再看一看自己熟悉的这片土地，"这里是我的家，在那最高的枝杈；背后的山崖，可以俯瞰整个山林；前面的一片开阔地，是兔子出没的地方；山后的丛林，要对毒蛇加些小心；南边的小溪，现在已经完全封冻；北边的灌木丛，是田鼠的猎场；东边遥远的山，是妈妈的方向……"

　　旭日东升，照亮了整个山林，一只矫健的雄鹰正振翅飞向远方。虽然他不时回头，虽然犹豫张望，但山林可以证明，他已经有了自己新的梦想。逝去的岁月令人留恋，这里的草木也见证了他的成长，但今天，雄鹰选择了改变，他已下决心离开这熟悉的山林，踏上更遥远的征途，展翅翱翔……

　　没有墨守成规，尼莫选择了改变，选择了新的方向，就像一个处在成熟阶段的销售人员，虽然能力很强、客户很熟、关系很广，但依然要主动挑战自己，给自己设立新的目标，才能在更广阔的天空里展翅翱翔……

第一章
成熟期销售人员的培训要点

业务熟、客户熟、领导熟、同事熟,"成熟期"就这样到来了……原以为这些老业务员会更上一层楼,但他们有的懒散地"躺在老客户身上睡觉",有的疲惫得"明明有机会的客户也爱答不理",有的心怀不满,"这帮年轻人刚来就拿这么多,这对我太不公平"……

一、成熟期销售人员的七大问题

当一名销售人员在一家公司里干到四五年以上的时候,就可以认为其已经开始步入成熟期了。之所以称为"成熟",一是指业务熟,即该销售人员对自己的产品,尤其是对常推荐的产品比较熟悉;二是指客户熟,即该销售人员与主要客户的私人关系也达到了一定程度;三是指运作熟,即几年下来,该销售人员已经形成了自己做业务的一套模式,包括开发市场、搞定客户、内部商务流程运作、后期服务跟进等,并且习惯成自然了……

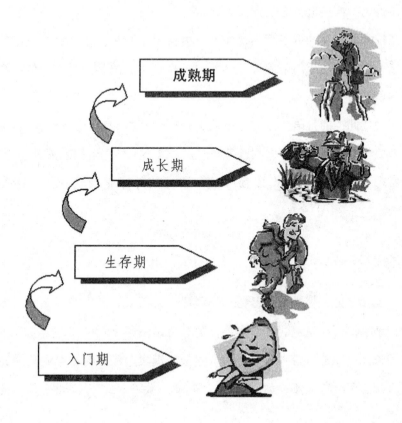

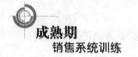

从成熟期的定义不难看出，处在此阶段的销售人员，应当具备了相当的业务能力和客户基础，从常规思维来讲应当向着更高的层级迈进，并为公司创造更大的业绩。但许多情况却事与愿违，成熟期的销售人员依然存在着许多问题，这其中的一些问题还特别令管理者头痛，而这头痛的原因也正在于他们是队伍中的老人，他们比新人先来到公司，是新人的榜样，而榜样如果表现得不伦不类，那么整个队伍就更难带了！

摆老资格

"我做业务那会儿，条件那叫一个艰苦，别说宾馆了，住的地方简直就是大车店，你们这些刚来的小年轻，每天还有200块的差旅补助，别忘了这可都是我们栽树你们乘凉"、"浙江能源的项目，如果不是我在大前年搞定宁波热电，你们连想都不要想"、"公司这点事儿，我最清楚，现在技术部的胡经理，其实以前就是个技工，原来主管这块业务的经理姓张，因为和老板的弟弟不和，所以被挤走了。要是张哥在，他姓胡的根本就没有今天！"

诸如此类的言语，经常出现在个别摆老资格的销售人员身上，他们看不惯新人的待遇比他们刚进公司时强，瞧不上新人取得的成就和进步，经常把自己曾经的辉煌挂在嘴边，话里话外都是贬低他人、抬高自己……

懒散成性

公司开会，某君总是迟到；公司规定的报表，某君总是迟交，并且敷衍了事；公司规定的价格体系，某君总是不跟公司商量就直接同意客户的条件；经常请新来的销售人员吃饭，饭桌上满口都是公司的管理机制太死、薪酬考核不合理、管理表格没必要、新来的经理就是事儿多云云。

大错不犯，小错不断，还常传播负面情绪，某君已经成为管理者最为头痛的一员。对其坚持原则，他明显不服，威胁要到总经理那里告状；如果放弃原则，其慵懒散漫的状态就会愈演愈烈；如果睁一眼闭一眼，某君不仅自己懒散，还在蛊惑周边的销售人员，弄得团队整体开始涣散；如果采取强硬措施，又担心他直接投奔竞争对手……

自我中心

脾气火暴的彭亮

背景介绍

胶东丝杠，是一家专营各种丝杠产品、在胶东乃至全国都小有名气的公司。丝杠是一种钢制的设备零件，最大的功能就是将旋转的运动模式改变为水平运动。该产品应用广泛，客户面覆盖机床厂、叉车厂、生产线制造厂等。

由于产品本身的技术含量较高，并且绝大部分产品都是根据客户的使用要求而定制的，所以每个产品的加工周期都比较长，并且加工步骤也相当复杂。一般来讲，从与客户确定需求到最终交付产品，大都要经过需求分析、确认图纸、制作样品、确认订单、材料采购、铸造、粗车、精车、打磨、金属热处理、成品检验等多道流程和工序。

临近年关，许多客户出于充足备货的考虑，不断给胶东丝杠下订单，造成生产和技术设计部门的压力很大，生产线上已经两班倒，部分关键岗位的工人每天工作16个小时以上，技术设计部门经常挑灯夜战，业务团队也是满负荷运转……

主管北京地区市场的彭亮，是业务团队中的老员工了，同时也是队伍中的骨干，但近几天彭亮的心情很不爽，公司里各个部门经常可以看到小彭的身影，经常可以听到小彭的争吵

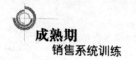

声……

周一，经理办公室

"经理，为什么平时15个工作日能出来的东西，现在要20个工作日的时间，合同评审你却不签字认可，这是为什么？"彭亮满脸不高兴地抱怨着。

"小彭呀，你也知道，临近春节啦，客户要货都挺急的，你那个北京机床厂的客户我了解，他们的库存还有，正月十五以后要货也是可以的，你干吗非要签2月1号交货？你能不能跟客户商量一下，2月25号交货好不好？"经理带着商量的语气回答。

"不行，我都答应客户了，难道你让我在客户面前说了不算？你可要知道我自己没啥，损失的可是公司的信誉，这个项目交货期就在2月1号，不行就让他们生产部门想办法！"小彭的语气依然强硬。

"哎哟，我的彭亮老弟呀，生产部早就连轴转啦，现在都是满负荷生产，上机器的时间最早也得十天以后啦！"经理已经面露哀求之色。

"这我不管，这是生产部的事，北京机床厂是我的大客户，也是公司的大客户，不行就把这个项目往前挪，把那些不重要的客户往后排！"小彭又出了个新主意。

"那彭亮你说该把哪个客户的项目往后排，你说谁的客户不重要？"经理有些耐不住性子了，语气转为责怪。

"这我不管，这是你经理的事儿，反正我的客户都是重点客户，绝对要按照客户需求来，交货期一天都不能拖！"小彭说完，很坚决地摆了摆手……

第一章
成熟期销售人员的培训要点

周二，技术部

"我说小田，福田汽车的图纸怎么四天了还没出来？工作流程上可规定得清清楚楚，两个工作日必须出图的！"小彭的嗓门挺大。

"彭哥呀，你听我跟你解释，最近一段时间活儿实在是太多了，这不，我手头江铃汽车的图要得挺急，所以最近两天……"小田满脸堆笑地解释。

"这我不管，今天必须出图，人家客户刚才都打电话来催了，不行你们就都加加班嘛！"小彭一摆手打断了对方的解释。

"彭哥，这您就不了解情况了。您知道吗，我们技术部的五个人，昨晚有四个是在这儿打地铺睡的。唯一回家的是赵工，他家里小孩病了，凌晨1点走的，今早7点就来了！你还让我们怎么加班？"小田明显生气了，语气带着愤怒。

"这我不管，你们技术部就是出图的，公司的口号是一切为了客户，我的客户就要明天看稿，所以你们技术部今天必须出图！"小彭的语气没得商量。

"那我明确告诉你，彭亮，你的图今天肯定出不来，我们技术部也是有分工的，必须先内审完江铃汽车的图纸之后，才能排你的项目，所以后天能出来就不错了！对不起，我要工作了，恕不奉陪！"小田说完，把脸转向了电脑。

"你这是什么态度？算了，跟你说没用，我找你们姜经理评理去！"说完，彭亮怒气冲冲地摔门而去……

周三，给财务部打电话

"喂！是财务部小罗吧？我是销售部彭亮呀。我看你给我算的去年四季度的奖金好像有点不对呀！"彭亮语气平缓。

"噢，是彭哥，四季度的业绩都是系统自己算的，应该不会错的！"电话另一头的小罗回答道。

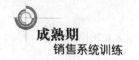

"错误是很明显的,小罗,我自己记得很清楚,截止到12月31日,我的业绩应该是340.7万元,可你们财务部算的还不到300万元,弄得我全年的奖金只能按3‰提,这肯定是错的嘛!"彭亮语气开始有些埋怨。

"理解理解,这样吧彭哥,你先别着急,我帮你查一下,一会儿给你电话。"小罗语气依然亲切。

"好,我等你电话!"彭亮回答。

几分钟后。

"彭哥,我帮你查了一下,截止到去年四季度,你的回款累计是295万,确实不到300万,至于少的那40多万,我也帮你对了一下账,可能是北京吉普的回款,那笔款正好是45.7万元,可这笔款是1月3号才到账的,所以应该算今年一季度的回款而不能算在去年的业绩里!"小罗诚恳地解释着。

"不对不对,这个项目开票的时间肯定是在12月份,北京吉普的财务是我哥们儿,他一接到发票肯定马上就会给我办回款的,你能不能再帮我查一查对方汇出这笔款的时间,对方汇出款的时间肯定是在元旦以前!"彭亮语气变得急迫。

"彭哥呀,这就让我有点为难了,大家手头都有一堆事儿!再说了,我跟对方也不熟,查汇款时间这事儿挺麻烦的!"小罗的语气显得有些为难。

"别怕麻烦嘛!这可是你们财务部的本职工作,你们跟银行熟,问一下不就行了!"彭亮的语气颇为不耐烦。

"彭哥呀,这话你说得就有点不对了,我们财务部的本职工作可不包括替你问回款时间,我们的职责仅限于准确统计你们业务部的业绩!"小罗的语气开始变化。

"怎么不是你们的职责,难道上周你没参加例会?黄总在会议上说得很明白,你们后台部门的客户就是我们销售部,所以

第一章
成熟期销售人员的培训要点

你们就应当满足我们销售部的所有需求!"彭亮的语气变成了质问。

"算了彭亮,我不想再跟你说了,像你这种客户的无理需求我按制度走是绝对有权利拒绝的,如果你想要问回款时间,你自己去问好了,而且我明确告诉你,就算你问出来对方汇款的时间的确是在元旦之前,也没用!因为业绩计算是按到账时间,这笔款的到账时间就是1月3号16点整!"小罗突然变了称谓,语气也开始变得愤怒。

"这是什么破制度,明显不合理!"听说自己问了也白问,彭亮也急了。

"这是黄总亲自签发的制度,已经执行了快两年了,你有什么意见,直接找黄总去吧!"小罗说完,就直接挂断了电话。

"这是什么态度?一点内部服务的意识都没有!公司早晚得坏在这种人身上!哼!"彭亮"啪"的一声摔断电话,愤怒地自言自语……

彭亮能力强、业绩好、经验足,但最大的问题就在于自以为是,认为自己是公司的中心,别人都得围着他转,结果导致了其以自我为中心的心理恶性膨胀,最终会给自己、给同事、给公司都带来损失……

抵触变革

薪酬改革,老销售人员的意见最大;市场重新划分,他们说这是卸磨杀驴;公司要求规范化管理,他们说那是画蛇添足,根本没有必要;公司要求在新的一年里主推新的产品,他们却借口新产品不成熟,明里暗里地抵触……

总之,所有与变革有关的东西,他们都怀疑,都不满,都抵触,都认为是对自己既得利益的威胁,都觉得是公司要控制他们,要抢他们的劳动成果!

无端攀比

随着新人不断地加入业务团队,一些团队中的老销售人员开始渐渐流露出不满,他们不满新人为什么比他们刚进公司时的底薪高、提成多、福利待遇丰厚,他们希望新人能够和他们从前一样在艰苦的销售条件下做起。

内心攀比的另一种外在表现,就是想占用更多的现有资源。一些老销售人员希望保持原有的业绩提成比例,虽然公司产品的利润率已经大不如前;还有的人要求给他们额外的销售费用,借口是他们的客户更加重要;更有甚者直接要求给他们加工资,理由是前些年他们太辛苦,挣得太少,因此公司现在得给他们补偿!

不思进取

新产品培训不积极,业务技巧不爱听,现场演练不参与,认为别人成功的经验不值一提……

不愿意改变,认为自己现在的本事已经足够;不关注行业内的新事物,认为那些没啥了不起;对他山之石不屑一顾,或是认为那些东西都是理论性的,根本比不上自己的土办法……结果墨守成规地浪费了不少时光,不但技巧没有提高,理念还在退化,进取心已大不如前,接下来就是业绩的大幅下滑!

保守封闭

"每个市场的状况不一样,这个客户你们自己瞧着办吧"、"我做业务谈不上什么经验,只不过是运气好罢了,没什么可跟你们新人分享的"、"我负责的客户,经理您就不用管了,肯定没问题的,您年底看业绩就行了"、"湖南是我的市场,你们市场部的没事儿别瞎打电话,回头弄不好客户会误解的,你们要搞调查问我就可以了,别动不动就打扰我的客户,否则项目丢了算谁的责任?"

不愿意带动新人,不愿意分享自己成功的经验,不愿意共享自己的客户信息,不希望领导过问他的市场,很多事情都搞得神秘兮兮,神龙见首不见尾,最后逐渐脱离了部门和同事,成了一个游离于群体之外的独行侠。

问题背后的原因

从时间上讲,成熟期应当是一个销售人员综合能力的鼎盛时期,那么为什么有些销售人员还会出现这样或那样的问题呢?这其中的原因主要来自两个方面:

内因

毋庸置疑,每个人的心理状态都不是一成不变的。几年下来,总是面对一个岗位、一个区域、一类客户,时间久了,自然会产生诸如厌烦、倦怠、缺乏挑战、看不到前途等负面情绪,这种负面情绪表现在日常行为上,就形成了以上的诸多问题。

外因

这里的外因指的就是该销售人员所处的管理环境,包括其管理者的管理风格和日常沟通风格、团队的绩效考核体系和人才晋升体系、业务队伍的文化建设、针对老销售人员的培训教育,以及市场的环境变化等,如果这些外部因素同样不利于成熟期销售人员的良性成长,那么出现上述问题就更加不令人奇怪了!

解决策略

既然自身的情绪变化难以控制,管理者能做的,恐怕就是尽量改善外部环境,尽量创造一个能够使成熟期销售人员良性成长的环境,尽量

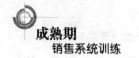

使成熟期销售人员扭转墨守成规、自以为是的心理状态，从管理环境、沟通风格、系统培养、文化建设等诸多方面综合入手，使他们像尼莫一样，能够摆脱自己对旧模式和旧环境的依赖，为自己树立一个新的目标，继续前进！

> **自检思考**
>
> 回顾自己的销售队伍中的成熟期销售人员，是否也曾出现上述一些问题？你认为这些问题背后的原因都有哪些呢？

二、成熟期的培训要点

虽然教育培训是解决成熟期销售人员诸多问题的重要方法，但此时期的销售人员在销售技能方面已经是队伍中的佼佼者了，那么培训重点应该放在哪里呢？此时期的许多销售人员心理状态不佳、学习意愿不强，又应当如何进行调整呢？

按照本系列的《入门期销售系统训练》第二章所谈到的销售人员成长的四个典型阶段，针对成熟期的销售人员进行培训时，要结合他们该时期的心理状态和工作环境，重点应当放在知识、技能和观念态度的塑造上，而不应当再放在销售技巧上。

就像故事中的尼莫那样，生存技能已不再是此阶段学习的重点，而是给自己树立新的方向，从更长远的发展角度审视自己，从更广阔的时空领域反思自己，主动挑战自我以适应新环境同时放弃旧模式，下图才是此阶段培训的重点！

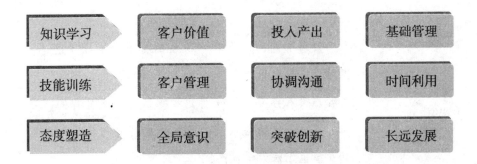

成熟期必备的"三项知识"

◎ 客户价值

对于步入成熟阶段的销售人员，寻找客户已经不再是其关注的重点，相反，很多客户都会主动找到他询问产品、了解报价、要求其上门做方案演示，并且其现有的客户也会主动提出各种各样的产品需求……

但此时的销售人员，最容易出现的问题就是大小客户都抓、各种业务都做、什么单子都接，结果弄得自己的业务工作没有头绪，异常混乱，于是就不能使自己的业务能力最大化地发挥出来！

因此，对于此阶段的销售人员而言，需要灌输的一条重要思想就是区分客户的价值，按照"资源与客户价值相匹配"的原则来规划自己的精力投放。

当然影响客户价值的因素有很多。例如对一个制造型的企业来讲，最常见的影响客户价值的指标有该客户在其行业中的地位、该客户的年采购需求数量、该客户的付款信誉、该客户下订单的计划性、该客户所需产品与我们公司的吻合程度、该客户的利润贡献、该客户的接触难度、该客户能否提升我们自己的管理品质等。

公司不同，评价客户价值的标准会有很大差异，但对于成熟期销售人员来讲，"不同客户价值不同，不同客户投入各异"这种思想和意识是必须具备的，否则的话，不仅销售人员的日常工作会陷入忙乱，而且其业绩也无法大幅提高！

◎ 投入产出

这里的核心思想是，在与各种类型客户打交道的过程中，都一定要有成本意识！

与生存期和成长期的销售人员不同，成熟期的销售人员，一般都被公司赋予了更大的运作空间，在出差安排、请客户吃饭、购买礼品赠品、请客户消费等诸多方面的管理都比较宽松。因此，如果此阶段的销售人员没有起码的投入产出意识、没有基本的财务成本知识的话，就会花钱大手大脚、费用大进大出，自己倒是显得很豪爽，但不仅使公司损失了利润，还会给团队中的其他销售人员带来很多负面影响！

在投入产出方面，有三个基本的财务知识是必须具备的：

第一是投入产出比。即针对某个客户或是某个项目，提前估算一下，如果项目成功，利润额大致能达到多少，然后根据利润水平预估一下适宜的费用投入，并且在整个项目运作的过程中，时刻控制自己的费用花销，以避免投入产出失衡。

第二是不同投入方式之间的费用对比。在许多情况下，不同的客户交往方式，其费用花销的差距非常大。一般来讲，请客户娱乐的花销最大，并且后果有时难以控制；其次是请吃饭，花费也不小，再遇上个偏好洋酒的客户，那可就惨了；再次是准备个像样的礼品，也要花费掉不少银两。相比之下，喝茶聊天，从花费的角度来看是一个不错的选择；

请客户参加体育运动，在投入产出上会更划算，当然打高尔夫除外；请客户看电影、参加音乐会、参观当地名胜、给客户送些土特产或者公司配送的礼品等，虽然花销不大，但如果应用得当，也能起到很好的公关效果。

第三是全费用概念。即绝对不是请客户吃饭花了一千多才叫投入，实际上的"投入"，除了请客户吃饭的招待费之外，还包括这次出差的住宿、补助、交通、通讯，以及出差这几天你的工资、奖金，甚至还应该包括如果你不出差，而是在公司里做别的客户工作，能给公司带来的效益。

◎ **基础管理**

成熟期的销售人员，应当成为公司管理岗位的储备人才，而作为管理者，应当把诸如计划、组织、领导、控制等最基础的管理职能教给他们，这样做既可以提前在知识体系方面为这些后备力量打好基础，同时又能够提高他们的综合素质，还能使他们有一种不同于其他销售人员的成就感，以促使他们向更高的目标迈进。

成熟期应掌握的"三项技能"

与前三个阶段的技能训练内容不同，成熟期技能训练的重点将从对外的销售技巧转变为对内的自我管理，也就是说，此阶段训练的重点不在于如何搞定客户，而是如何提升销售人员自己及其所在团队的整体效率。因此，成熟期的销售人员理应掌握以下三项技能。

◎ **客户管理**

成熟期的销售人员，往往同时面对许多客户，并且每个客户所处的销售阶段也大多不同，因此如何按照客户的不同价值、不同销售阶段、不同需求特点来高效安排自己的时间和精力就变得非常重要。

本书的第二章将重点介绍客户管理的基本步骤及相关技巧，这就是著名的"客户漏斗管理法"。

◎ 协调沟通

对于成熟期的销售人员来讲，单子更多了，客户更大了，项目更复杂了，所以此时的沟通面也更广泛了。

对外，销售人员要与客户方的高层、技术部门及需求部门沟通；对内，销售人员要协调技术、生产、服务、物流、财务等部门；并且因为在团队内部承担了更多的职责，还要与领导、同事、自己的助理等多方打交道……

也就是说，到了成熟期，因为自身角色定位的改变，销售人员的沟通职能也在发生着重大变化，从之前单一的针对客户的沟通，变成了多方面的对内对外的立体沟通，因此需要多方面、多技巧、多风格的沟通模式，才能取得最佳的沟通效果。

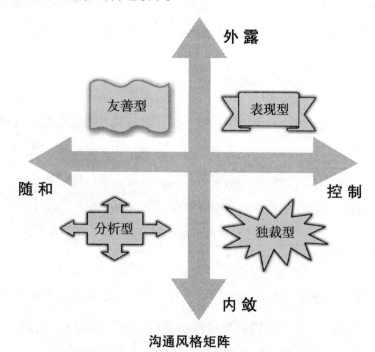

沟通风格矩阵

第一章
成熟期销售人员的培训要点

上图显示的是四种最基本的沟通风格。

"外露"指的是某人在大多数场合喜欢表达自己的观点，如果不让其发言，该君甚至会觉得郁闷；而"内敛"则相反，它指的是某人非常不喜欢当众或向他人阐明自己的立场或观点，在许多场合下，即便旁人邀请其发表意见，他也会推三阻四。

"控制"则是衡量沟通风格的另一个维度，即表示某人非常陶醉于自己的成就，非常希望自己的意识能够被他人接受，对人对事都有一种强烈的控制欲；而"随和"却正相反，它指的是某人在与他人交往时，更多的是想了解他人的想法或感受，该种类型的人一般内心较为平静，他人是否接受其观点，对其内心的影响并不大。

四个要素的组合，就构成了四种最基本的沟通风格：

"友善型"的特点是喜欢表达自己的观点，同时又较容易理解和认可他人的意思或感受。此种类型的人往往最容易打交道，同时也是大家公认的老好人，销售人员与之打交道应该不会遇到什么障碍。

"表现型"则稍有不同，该类人也非常喜欢表达自己的意见，会反复强调甚至有些说教式地阐明自己的立场，另外还会经常炫耀自己的语言表达技巧，反复显示自己在某些方面的过人之处。与此种类型的客户或同事打交道时，要注意千万不可当面点破其论据中的不实，也不要表现出自己的沟通能力其实不在对方之下。最好的办法是先充分认可对方的观点，然后尽量在对方的观点之上加上自己的想法，也就是先顺着对方的话说，然后再拐一个弯，表达出自己的意思，这样才能起到比较好的沟通效果。

许多销售人员觉得与"分析型"的人打交道有诸多障碍，因为此种类型的人不太愿意表达自己的观点。他会是一个很好的倾听者，但很少给你反馈，并且经常刨根问底。遇到此种类型的客户或同事时，不仅要想好自己要表达的意思，还要充分准备一下支持自己观点的论据或理由，因为对于分析型的人来讲，只有充分的事实和数据，才能真正赢得其发自内心的认可。

"独裁型"风格的人,给他人的压力最大。简而言之,此种类型的人有两大特点,一是他不喜欢多说,二是同时又不允许你说。与该种类型的人沟通,难度最大,首先要有充分的心理准备,对方也许会不由分说地否定你的全部想法;同时要注意准备充分,因为对方很有可能因为你论据中的一点点瑕疵,就断然否定你的所有想法。另外还要注意沟通时对方的心情,此种类型的人只有在心情大爽的时候才会偶尔听进他人的点滴想法。但独裁型的人也不是一无是处,其最大的优点在于,一旦你获得了该类型人的认可,其行动起来不仅速度快而且很彻底,从不拖泥带水、瞻前顾后。

总之,作为成熟期的销售人员,因为沟通的界面更加复杂和多样,就必须灵活运用多种沟通风格,以实现与不同风格的人之间的对接,从而实现其整体绩效的最大化。

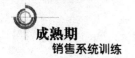

管理者对此阶段销售人员的沟通风格的培养重点,还是应当放在内部协调时的沟通技巧上,也就是要分清关联部门同事的沟通风格,然后与之相对接。因为这些销售人员在经历了外部客户的磨炼之后,只要把与客户沟通时的技巧运用到50%,内部沟通效果就会成倍增长了!

◎ 时间管理

更多的客户、更多的订单、更多的任务、更多的头绪……这些都造成了成熟期销售人员更多更复杂的工作内容。此时,如果缺乏对时间的有效安排和管理,就会陷入一团乱麻般的工作状态,最终一天、一周、一月,甚至是一年下来,自己觉得很累,而整体绩效却不理想!

本书的第三章专门针对成熟期销售人员的时间管理与工作效率提升

做了详尽的阐述。

成熟期必须塑造的"三项观念态度"

懒散疲惫、不思进取、自以为是、特立独行等,上述这些成熟期销售人员的不良表现,其背后的核心原因,既不是知识,也不是技能,而是观念态度。因此,对成熟期销售人员观念态度的塑造,往往比知识的灌输或技能的辅导更重要!

成熟期的销售人员应该具备三项基本的观念态度。

◎ 全局意识

前面案例中谈及的那位成熟期销售人员彭亮,就是典型的缺乏全局意识。此类销售人员一般业绩都较为突出,也是销售队伍中的骨干,或许还是公司领导眼中的红人。时间长了,该类人就会渐渐陷入自以为是的不良心态中,认为自己劳苦功高,进而就会夸大自己的作用,同时贬低同事及其他部门的价值,因为缺乏全局视角而过分看重自己,结果可想而知。

◎ 突破创新

销售人员常常会因为操作某种作业模式的时间长了,而形成一种惯性思维,比如做业务要从基层做起,见到客户先问对方是哪里人,谈产品一定要说"业内领先,国际一流"等。

但环境在变,客户在变,竞争对手也在变,如果销售人员还是一成不变的话,迟早会被竞争激烈的市场环境所淘汰。因此销售人员的创新意识和突破精神,也应当成为成熟期销售人员观念意识培养的重点。

本书的第四章还将针对此问题,围绕成熟期销售人员的服务与创新意识展开研讨。

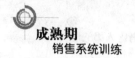

◎ 长远发展

业务做了四五年了,客户也熟、环境也熟、产品也熟,时间长了,人就会产生一种疲惫感,觉得没有挑战、没有新意、没有前景,觉得每天都是千篇一律,于是就会产生一种"职业疲惫感",而此种心理恰恰就是扼杀成熟期销售人员继续提升的最大杀手!

本书的第五章将针对成熟期销售人员职业疲惫感的产生原因和应对策略进行进一步的阐述。

本章总结

虽然成熟期销售人员的综合业务能力是最高的,但也存在着诸多方面的问题,就像尼莫虽然已经熟悉了山林的环境,虽然深谙各种生存的技巧,但环境变化了,就要求他必须再次挑战自己,必须重新给自己树立奋斗目标,才能实现其生命的第二次飞跃!

本章练习

"全局意识"是成熟期销售人员意识培养方面的一个重点,那么作为管理者,如果发现像彭亮那样的老销售人员,究竟应当如何对其进行引导和培养呢?(见参考答案)

第二章
运用销售漏斗管理销售机会

处在成熟期的销售人员,往往手头有很多的客户,每个客户又有多个销售机会,每个销售机会的推进进程又各有不同……要想对多客户、多项目、多进程的销售机会进行有效管理,就必须用到"销售漏斗管理法"!

一、销售漏斗管理法的用途

> 形象地描述一下销售漏斗管理法,就是把所有的销售机会装进想象中的一个漏斗当中,然后根据这个漏斗的整体状态和项目在漏斗中的推进情况,对漏斗中的每一个项目和整个漏斗进行管理的一种方法。

问题出在哪里?

问题的解到底在哪里?

背景介绍

前进卡车是国内知名的中型及重型卡车制造商,北京四季青乡香山店是前进卡车在北京海淀区规模最大的一家4S店。时下已经是4月,卡车的销售旺季已经到来,今天,在4月的第一个星期五,销售部按常规正在开周例会……

"大家都坐好,今天是周五,咱们得好好总结一下了。先谈谈业绩的事,小刘,你先说说,为什么恩济庄赵老板的3台A型车黄了?"说话的是这家4S店的销售经理徐景天。

对面的小刘,听到经理的话后不紧不慢地说:"经理呀,人家赵老板说了,他不是不要,是人家上周要的时候咱没车,结果人家等车拉活儿,所以根本等不到这个月,我估计人家早就买'南风'的车了。"

"那你是怎么搞的?你为什么不早报要车计划?上周一你管

我要3台,说最迟周末要,厂子里紧急排产都来不及,你让我上哪儿变去?"徐经理说着又瞪了小刘一眼。

"经理呀!话可不能这么说,那上周赵哥一下要了5台C型车,怎么他的客户当时就能提车走,为什么到了我这儿,3台车一周都拿不出来?"小刘愤愤不平地问道。

"情况不一样!赵哥要的那5台C型车,正好赶上石景山的田野公司不要了,所以挪出来了,而你要的是A型,这个型号的车咱们公司根本就没有库存!"徐经理很不耐烦地回答。

"那前进汽车厂的北京地区周转库就在咱们店的旁边,顺窗户看都能看见好几台A型车,干吗不早点调几台过来?因为交不上车而丢单子,您以为我愿意呀?"小刘仍然不服气。

"前进的周转库是我们一家店开的呀?你又不是不知道,前进在北京一共有11家4S店,都得从这个周转库提车。前进在去年就定下制度了,向周转库下计划要车,常规是四周,加急也要两周。你小刘周一提需求,周五就要车,你当前进的老板能像刘谦一样会变戏法儿呀?"徐经理气哼哼地回答。

"徐经理,我有点搞不懂,上个月A型车的信息那么多,可为什么计划部不向前进厂家提前要车?"说话的是春节后刚过来的销售人员小李。

"小李呀,你刚来,有些情况你还不清楚,比如去年,年初大家就七嘴八舌地说A型车好卖,结果我又加了点量然后报给公司,没想到计划部一下子向前进要了35台A型车,可结果到了6月份,总共才卖出9台,弄得七八月份大热的天,整个停车场都被A型车占得满满的。洪总整天阴沉着脸,我和计划部的张娜也是天天挨骂。后来公司9月份流动资金实在撑不住了,只能忍痛清货,每台车至少亏2万多就往外甩,账面就亏了将近80万,我看着都心疼!"徐经理说着,无奈地摇了摇头。

"哼哼！可到了10月底，没想到A型车又火了，结果咱们库存又没了，所以直到现在，不仅是小刘，我都因为供不上货丢了两个项目了！"说话的是赵哥，是公司资格最老的一个销售人员。

"行了，老赵，这也不能怪我，你们每次提需求的时候总是遮遮掩掩，总是说'有希望，但也拿不准，这年头计划没有变化快，谁也不是客户肚子里的孙悟空，徐经理您还是自己掂量着向前进下要车计划吧'，你们老是这一套，那让我怎么办？我只有保守一点，A、B、C三款车型都少定点儿，别到半年盘库的时候又让洪总追着骂！"徐经理此时也变得一脸无奈。

"恐怕您这保守的做法也有风险！像您去年激进，结果是库存积压，可今年您保守，但如果总是因为供不上车而影响订单，错过了4~6月这三个月的黄金期，那半年任务咱们销售部怎么完成？如果上半年的任务完不成，全年任务十有八九就会泡汤，那时候您在洪总面前岂不是更被动？而且更可怕的是，我听说隔咱们只有3公里多的八大处店，人家最近两个月A、C两款车都卖得特火，隔壁前进的周转库有一半的车都是给他们店备的货，所以徐经理您可千万好好想一想，万一到了年末，咱们香山店的整体销售业绩被八大处店超过去了，恐怕挨骂的就是洪总了，并且明年咱们店北京地区一级代理的资格说不定就悬了……"说话的销售人员姓郑，是销售部目前业绩最好的销售人员。

一番话说完，会议室里的空气突然变得凝重，每个人都若有所思……

徐经理此时也脸色微变，他停顿了一会儿，然后带着无奈的口吻问道："那郑童你说我该怎么办？前进卡车要求各代理店提前提需求，以留给他们合理的采购、排产和储运周期，可我

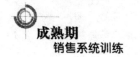

们店现在是月月下计划、月月拍脑门,要车需求与实际定车总是相去甚远,定多了积压占用资金,定少了又影响销售,可抓客户意向比判断股票走势还难,你叫我怎么办!对了……"徐经理突然想起了一件事,转而带着兴奋的口气继续问道:"我最近发现你小郑倒是提需求总是很准,已经连续两个月了,你提的A、B、C几款车型最终都下单了,你到底是怎么做的?"

大伙儿听到这儿也随着眼前一亮,纷纷把目光投向郑童,只见郑童此时嘴角微翘,脸上掠过一丝得意,然后不紧不慢地说:"经理呀,其实这3年多来,我总结发现,做业务是要分步骤的,每个步骤又必须做好具体的动作,只要动作都做对了,成功的概率就高,所以最近几个月我在月底提隔月的要车需求时,只要回顾针对每个客户都做了哪些动作,就能够判断出这个客户从我这儿买车的可能性。把那些可能性大的单子汇总一下,然后报给您不就行了吗!"

"那郑童你快说说,做业务要分成哪几个步骤?这几个步骤又分别包含了哪些具体的动作?尤其是如何根据具体动作判断客户购买的可能性呢?"此时的徐经理已经从椅子上站了起来……

这位叫郑童的小伙子,实际已经把握住了销售漏斗管理法的精髓,其业绩出色的原因,也正是在于其能够准确而高效地对多客户和多进程的销售机会实施有效的管理!

什么是销售漏斗管理法

所谓"销售漏斗管理法",如果以小郑为例,就是把小郑接触到的所有有购买意向的客户看成一个个属性不同的小石子，每个小石子都有不同的意向车型、购买数量、成功可能、购买时间等参数，然后把这些小石子投到一个想象中的漏斗里。这样在小郑面前，就有了一个装满不同客户并且参数各异的漏斗，再根据每个客户的不同情况，对整个漏斗进行时间安排、精力投入、资源调动等方面的管理，这种管理方法就叫做"销售漏斗管理法"！

西田村刘老板，B 型车 2 台，赢率 20%，下月底

石景山田老板，C 型车 5 台，赢率 40%，下月初

殷济庄赵老板，A 型车 3 台，赢率 80%，月底要

销售漏斗管理法广泛应用于多客户、多项目、多进程的销售模式之中，对销售人员，对业务团队，甚至对整个公司都意义重大。

合理运用销售漏斗管理法需要遵循如下几个步骤：

◎ 合理安排自己的时间、精力和资源

成熟期销售人员不同于生存期或成长期销售人员的是，后者的客户和项目信息较少，所以能够比较容易地安排好自己的时间和精力。但成熟期的销售人员，因为从事业务工作的时间长，一般都掌握着更多的客户购买信息和更多的销售机会，所以对他们来讲，如果没有一种合适的方法帮助他们分清客户的价值属性，帮助他们有效地安排好自己的时间和精力，就会出现顾此失彼、避重就轻、主次不分等运作方面的问题，

不仅会给公司而且会给他们自己造成不小的隐性损失。

◎ 预测未来的业绩状况

许多人都喜欢算命,其实这是一种个体希望了解自己的未来,从而为未来做更好的规划和打算的心理表现。

销售队伍也是一样,几乎每一个管理者都希望能够准确预测下个月、下个季度、下半年,甚至是未来一个年度销售队伍的业绩状况。如果实现了对团队未来业绩的预测,销售经理和销售人员自己就都可以提前做好规划,准备好资源,甚至可以实现业绩上的"更上一层楼"。

销售漏斗不同于简单的客户预测,它通过一套科学的预算和推演体系,得出比凭感觉预测市场更加贴近现实的预测结论,从而为销售队伍的管理者和销售人员自身提供有效服务。

◎ 及时发现并防范问题

销售漏斗管理法的最后一个步骤,就是根据每个销售人员当前漏斗的状况,判断其未来业绩和客户需求的走向,然后制定相应的客户攻单策略。因此,如果一个销售人员的前期业务工作效果不理想,则肯定会在其销售漏斗中有所反映。这样管理者和销售人员自己就会提前发现问题,提前着手解决,自然在大多数情况下能够有效地降低问题所带来的损失,有时还能有效地规避这些问题,甚至可能转危为安,变不利为有利。但如果没有销售漏斗管理法的基本思想和操作步骤,等问题发生了再去解决的话,恐怕就为时已晚了!

每个城市都有武警消防支队,在老百姓眼中他们就是救火的,可是为什么不直接叫他们为"救火队"呢?这其中的原因就在于,他们每日做得最多的工作

并不是救火，而是诸如普及防火知识、排查火灾隐患、审查建筑是否符合消防要求、保养维护消防设施设备等防火工作。对于销售人员来讲也是如此，漏斗管理法其实就是通过预见未来可能发生的业绩问题而提前采取措施以起到"防火"作用的方法！

◎ 有效协调生产与销售

和前面有关"前进卡车"的案例中提到的状况一样，如果没有有效的销售预测，生产与销售就会经常产生脱节，而脱节的最终恶果，就是经常出现两个极端：一个是因生产或供货过剩而产生大量的库存积压，此时公司一般会埋怨销售部，为什么不能有效地开拓市场，推销产品；而另一个，则是因为缺货影响客户购买，或是已经与客户签订协议了，但到期无法供货，此时销售部又会反过来责难生产或供货部门，为什么不预留充足的库存，以备市场之需。

这两种极端情况如果在一家公司里反复出现，不仅会大幅增加公司的库存或缺货成本，还会大大损害公司在客户中的信誉，更会给公司内部各部门间的配合蒙上阴影，甚至会影响整个公司的团队文化氛围。

想最大限度地解决生产与销售之间的矛盾，最大化地实现订单化生产和零库存运作，预测客户需求和公司在某个销售机会上的成功概率就成为必要，而这些，正是销售漏斗管理法所重点解决的问题。

◎ 提升整个公司的利润水平

下图中这位老板的疑惑，其原因就在"销售漏斗"上！

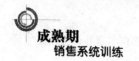

因为竞争对手的销售团队广泛应用了销售漏斗管理法,所以能够较为精确地预测客户的需求,使采购部能够提前批量购置设备的零部件,从而省下了加急采购的成本,同时可以有效地安排生产,尽量减少工人的加班时间,从而省下了工人的加班费用;通过这种方法将产品检验、入库、储运等事务都安排得井井有条,既减少了因忙中出错而造成的浪费,又省下了内部的管理成本;再者,销售部根据客户的实际需求有效备货,既减少了库存费用,又提升了客户满意度,从而使客户二次购买的比率大大提升,无形中又大大节省了销售费用;另外,公司通过对整个销售队伍的大漏斗进行分析,不仅准确预测了销量,而且有效预测出回款的进度,从而更科学地筹划公司的资金运作,既避免了许多无用的、加急的、长期的借款,又使得财务费用大大降低……

以上几个步骤累加下来,结果令人瞠目,同样的产品、同样的工艺、能达到同样的技术参数要求,但成本却大不相同,这其中"销售漏斗"的应用及效果,起到了最关键的作用!

二、销售漏斗管理的具体步骤

既然漏斗管理如此重要,接下来我们就来谈一谈到底应当如何建立销售人员和公司的销售漏斗,如何对这个漏斗进行有效的管理,如何判断销售漏斗是否有问题,如果有问题,又应当如何应对。

标准的销售漏斗管理法,在具体应用的时候一般分成以下六个核心步骤:

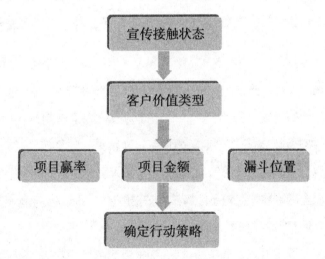

宣传接触状态

以北京地区为例,假设某家公司是做农业机械推广应用服务的,其主要客户是北京市及各区县的农机局,那么负责北京地区的销售人员在面对整个北京地区市场时,就会有三个不同类别的宣传接触状态。

北京地区下辖十几个区县,如果该销售人员能有效接触80%以上,则可视为"广泛接触"状态;如果只能有效接触50%上下,则只能算是"局部接触"状态;如果有效接触的目标客户只有两三家,接触度还不及30%,则只能视为"大片空白"状态了!第三种状态无疑是最差的。

何谓"有效接触"

销售人员见到客户,说一句"您好,我是首创科技公司的。我们有一项特别好的农机应用技术,想让你们农机局帮着向各农机站推广一下",然后对方爱答不理地应酬几句,最后来一句"行,资料先放这儿吧,我们考虑考虑再说",之后,该销售人员匆匆告辞而去……

以上的场景是绝对不能算做有效接触的。那么如何判断市场接触状态呢?最基本的判断标志有三个:

一是要提供出"梅花清单",即本系列的第三册第四章中提到的梅花决策图中关键人物的基本信息,比如这个农机局的决策者是谁,谁是主管技术审定的人,谁是主管最终选型的人,费用出口由哪个部门来决定,产品由谁来最终使用等。

二是要与梅花决策图中的至少一个角色有半小时以上的正式谈话。这里的谈话时间很重要,因为时间过短,销售人员根本不可能充分了解该客户的背景,也不可能给客户留下足够深刻的印象。

三是能够形成初步判断，即能够初步判断出该客户的采购需求、采购时间、决策特点、我方胜算等，这些判断的得出都要有切实的依据，这种切实的依据一定要来自客户方的某句话、自己对某个细节的观察、对该客户的外围了解或是自己以往经验的推论等。

需要补充的是，对于接触状态的判断也非常重要，这首先取决于公司或销售团队的管理者对该区域市场的了解程度。如果管理者很了解该区域客户的数量、分布、采购特点等，那么只要掌握该销售人员的实际行动路线，并附加提几个问题即可，但如果管理者自己对该区域的客户情况也不甚了解，那么就只能依靠销售人员自己的主观判断了！

分析客户价值

对自己所辖区域的接触状态做出判断后，接下来就要对已经接触过的客户进行价值判断了。

在本书的第一章第二节中，曾提到客户价值的问题。总的来讲，判断一个客户的价值需要综合考虑诸多因素，判断会因公司不同而差距甚大，有的甚至还与公司的战略定位紧密相关。本章将把客户价值从大的方面分成 ABCD 四个最基本的价值类型，以便举例说明。

判断赢率标准

这是"漏斗管理"六步骤中，最具难度但同时又最具实战意义的一步。

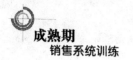

什么是"赢率"

对"赢率"最直接的理解就是获胜的概率。当某客户有采购意向时,大多数情况下会有多家竞争对手参与竞争,大家以各自不同的报价、各自不同的产品组合、各自不同的技术参数、各自不同的销售手段、各自不同的客户关系等参与到该项目的争夺中。那么在整个竞争过程中,判断我方获胜的概率,就是赢率!

好的结果总是来自好的过程,所以从赢率的判断方法来讲,最常用的方法就是依据项目竞争的整个过程,审视我方都做了哪些该做的销售动作,这些销售动作是否都达到了预期的效果,然后把这些有效动作进行累加,最终按照累加动作的多少来判断我方获胜的概率有多高。

∧ ∧ ∧

通过上述"赢率"的定义可以看出,赢率判断的核心环节,就是项目竞争的过程中我方采取的销售动作和这些动作达到的效果,据此就可以判断出我方获胜的概率有多高。而有效的销售动作必然与客户的采购进程和采购心理密切相关,所以与客户采购阶段及相关心理密切结合的销售动作,就成为判断赢率的关键。

其实,本系列第二册第三章已经对客户心理和推销步骤进行了框架说明,而将这些框架步骤与相应的赢率级别对接,就构成了销售工作中判断具体项目赢率的有效操作方法。

下面的四组图形表达了四个方面的内容:

第一组指的是客户采购心理的变化过程,从自我感觉良好,到初步确定自己的采购标准,再到具体评估比较各个供应商的商务条件,最后决定购买其中一家的产品;第二组显示的是销售流程中的四个最关键的步骤:了解客户,展示引导,建立信任和最后的超越对手;第三组的每个题框则分别浓缩了四个关键销售步骤中的具体销售动作,这20个销售动作是最常见也是最基础的动作;最后一组,则是对应的赢率标准,"了解背景"对应的赢率常规比率是20%,如果"展示引导"做得到位,可以记做40%,"建立信任"之后的赢率是60%,最后,虽然做到了"超越对手",但由于还没有完全回款,所以只能记为80%!

感觉良好	确定需求	评估比较	决定购买
了解背景	展示引导	建立信任	超越对手
预约接近 访前准备 良好印象 客户状况 竞争情况	方案设计 了解决策 发掘需求 介绍产品 影响标准	私人关系 消除顾虑 异议处理 强化信任 合作模式	加深信心 价格谈判 推动促单 签订协议 跟踪订单
20%	40%	60%	80%

判断赢率的方法,除了依据具体的销售动作之外,还有一种更加精确的做法,即依据以往的数据或经验,给每个赢率阶段制定出相应的考量标准,此种方式往往比粗略的销售动作的累加更加精确,原因就在于考量标准不仅描述了具体的动作,而且还明确了相应销售动作必须达到的相应结果。

下面我们以某个做检测仪器的厂家的"建立信任"即60%的赢率阶段为例,看一看这家公司给销售队伍制定的八项考量赢率的标准:

◎ **是否全面了解客户的内部关系**

有人的地方,就有政治!一次采购,尤其是大型高值的仪器设备的采购，往往会牵扯到客户内部的诸多复杂关系，因此建立信任的标准之一，就是负责该项目的销售人员，不仅能准确掌握客户梅花决策图中的角色，而且能准确说出各个花瓣的背景及相互之间的人际交往关系。

◎ **是否与核心决策者两次以上的"约会"**

"约会"指的是在 8 小时以外与客户的沟通，比如工作之余一块儿喝喝茶、聊聊天、打打球、吃吃饭、喝喝酒等，这是与客户交往水平的第四个级别。能与客户方的核心决策者实现两次以上的约会，才足以证明客户对我方的信任程度，因此该项也是这家公司判断己方是否与客户建立信任的考量标准。

◎ **是否获得技术把关者的明确认可**

检验仪器的直接销售对象是客户方的质检科。这里的技术把关者，一般指的是对方质检科的科长，有两种方式可以使销售人员确定得到了对方的明确认可：一种是在与对方沟通时，对方明确表示认可我方的产品，而另一种则是通过客户方的其他人了解到客户方的技术把关者有明显倾向于我方的言论。

◎ **是否经过争论认同合同细节**

此项标准有一个重要的前提，就是一定要经过争论，即要有一个谈判和讨价还价的过程，然后再确认相关的商务条件，而不是一开始就认可供应商的条件，因为在许多项目的初期，如果客户方对某个供应商没有任何意向，也会一味地用"好好好，行行行"来敷衍供应商。

◎ **是否发展了两个以上的"内线"**

内线，作为"梅花分配"中的一个重要角色，通常情况下是不能只有一个的。如果只有一个内线，就有可能发生"偏听则暗"的情况，甚至被客户方的假内线误导。如果有两个或两个以上的内线，则可以共同获得客户方的内部信息，并彼此补充且相互印证，从而保证信息的有效和真实，这样才能保证自己判断的准确性。

◎ **是否与客户方的关键人物确定了合作细节**

在一次采购活动中，客户方和与此次采购有关的关键人物，除了有自己企业的客观需求，比如要采购一套精密的"炭硫分析仪"，以更灵敏地检验原料的成色之外，在许多情况下，还会有各种各样的个人需求，而这些需求，如果供货方没有明示或加以满足的话，恐怕也难以最终达成交易。

◎ **是否了解竞争对手的项目进程**

竞争的核心就是要甩开对手。在建立信任阶段，销售人员一定要全面了解竞争对手的进程，至少要锁定该项目的主要竞争对手中的两家，全面了解其报价付款、产品特点、方案组合、客户关系、主要优势、先天劣势、采用手段、当前效果等，以做到"知己知彼，百战不殆"！

各赢率阶段的考量标准，并非一成不变，会因公司不同、产品不同、地域与客户群不同而产生巨大差异，而且即便是同一家公司，也应该至少每隔两年重新审视一下各赢率阶段的考量标准，以适应不断变化的市场环境。

◎ **是否了解该项目的潜在威胁**

金融危机，导致本次采购取消；客户内部新上任的一位主管质量检

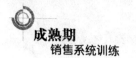

验的副总,导致采购评价重新开始;客户兼并重组,使决策"梅花"发生巨大变化;客户产品结构调整,导致原材料检验要求发生变动,客户也有可能重新审视各供应商;当地某领导的一个电话,也会使该客户的决策层掂量掂量是否要重新考虑本次采购……诸如此类,都属于项目的潜在威胁,销售人员必须对其有所了解,并提前防范,以备不测!

估算项目金额

估算项目金额,可以理解为本次采购客户方的总预算,也可以理解为本次采购可能的利润额度,总之能够与钱直接联系起来的,都可以归为"估算项目金额"这一类。

可以采用A、B、C或参照大、中、小来估算一个项目金额的数目,但估算一个项目金额的大小,也是有标准的。我们以"大、中、小"方式为例,通常的判断标准如下表:

金额类别	对本期财务指标完成	费用投入估算
大型	至关重要	低于平均水平
中型	部分影响	与常规项目持平
小型	无关紧要	超出平均水平

通过上表可以看出,估算项目金额与两个要素有关:一是项目总标的,即项目总金额的大小;二是此项目的费用花销多少,即项目的利润水平。因此可以说,估算项目金额实际上是对此项目的总金额和利润水平进行综合考虑的结果。

确定漏斗位置(签约时间)

这里说的漏斗位置,实际上就是指客户的签约或项目正式开始运作的时间。

销售人员把自己掌握的所有销售机会视为一个个小石子，把这些小石子放在一个漏斗的不同位置，而这些位置就表示他们所判断的这些销售机会的签约或是项目开始的时间。

从下图的漏斗模型中可以看出，小石子有四个不同的位置：

◎ 外层

此类项目的签约时间遥遥无期，客观地讲，客户肯定会有采购的需求，但在时间上实在难以把握，所以此类项目一般不放在漏斗的里面，而处于漏斗之外。

◎ 表层

对于此类项目，客户已经有了较明确的开始时间，但距离现在仍然比较遥远，所以把它放在了漏斗的表层，意思是要想实现瓜熟蒂落尚需时日。

◎ 中层

中层表示的时间和表层相比就大大靠近现在了，并且此时的时间已经非常明确，有可能是下月、下季度或下半年。

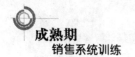

◎ 底层

从项目运作来讲，底层代表此时已经进入到招投标运作的后期，客户的决策时间已经近在咫尺，且非常明确。把此类项目放在漏斗的底部，也暗示该项目马上就要实施，因此很快就要从漏斗中脱离了！

> **漏斗的不同位置所对应的项目时间**
>
> 仅仅划分出漏斗的不同位置，其实际价值并不明显，要想实现对销售机会的有效管理，就必须比较明确地界定漏斗的不同位置所对应的具体时间周期。
>
> 公司不同、产品不同、面对的客户群不同，漏斗的不同位置所对应的时间差距就会非常大。现以前面案例中提到的客户方和销售方为例，其不同漏斗位置的时间定义如下：
>
> 外层，不能确定客户的最终决策时间，但估计客户的决策时间应该在半年以后；
>
> 表层，客户的决策时间肯定会在10周以后，但不会超过半年，这一周期内的销售机会都可置于漏斗的表层；
>
> 中层，客户的决策时间在4周到6周，且比较明确，此阶段的销售机会都可归入到漏斗的中层；
>
> 底层，客户的决策时间不在这一周，就会在下一周，绝对不会超过3周，并且非常明确！

对漏斗位置的准确判断其实是颇有难度的，而且有的销售机会可能会在漏斗中上下窜动，但是此步骤不仅对成熟期销售人员自身的多客户、多机会的客户管理意义重大，并且对市场预测、后台支撑、交货期保障、部门配合，甚至对整个公司的资金周转都至关重要！

制定行动策略

此步骤是整个销售漏斗管理法的最终输出和价值体现！

◎ 漏斗状态

首先，作为一个销售人员在汇总了自己的销售机会，判断了客户价值、赢率水平、金额类别，并把这些销售机会放入到自己的漏斗之后，就会发现自己的漏斗可能出现四种最典型的状态：

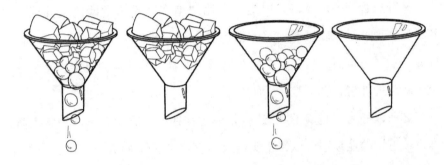

充满

"充满"表示，处在漏斗表层的销售机会很多，处于中层的机会也不少，底层也有很多项目马上签约。整个漏斗里，销售机会的分布非常均匀，并且漏斗外层还有很多意向也在不断地流向漏斗内部，整个漏斗处在充盈流动的状态中。

"充满"，是一个销售人员的最佳客户状态，此类漏斗状态往往预示着不仅近期该销售人员的业绩会非常突出，并且中长期的发展也会强劲。同时，"充满"状态也是整个销售团队的奋斗目标，如果一个团队的整体销售漏斗处在"充满"的状态中，那么管理者自然可以高枕无忧了！

堵塞

这是一个与"充满"相比有明显不足的漏斗状态，但同时又是大多数销售人员和销售团队的常态漏斗形状。其典型表现就是：外层或表层的机会较多，但长时间无法提升赢率并向漏斗的中层或底层靠近，整个漏斗像被许多小石子堵住，无法实现充盈和流动。

处在"堵塞"状态的销售人员，往往冲劲十足，所以接触到了许多销售机会，但由于其综合能力的欠缺，所以这些机会无法有效地向漏斗的底层靠近。其实此种状态下的销售人员自己也非常着急，管理者往往也会看到此类销售人员总在跑客户，总在谈订单，总在写方案，总在要求技术部门的支持，但几个月下来，却迟迟签不下一个像样的订单。

断档

从客户管理的角度讲，这是一个比"堵塞"更为危险的漏斗状态。其典型表现就是：底层或中层的销售机会是有的，甚至底层的有些机会的赢率水平还很高，但从整个漏斗的形状来看，其表层的机会严重缺乏，至于漏斗的外层，就更是一无所有了！

之所以称为"危险的状态"，是因为往往处在此状态下的销售人员，本月或近期的业绩还可以，手头也有很多需要忙碌的项目，但如果总是沉迷于漏斗底层的销售机会，时间长了，其表层和外层的机会明显匮乏，就会导致其业绩的发展严重缺乏后劲，等到发现手头已经没有可跟踪的销售机会时，恐怕为时已晚了！

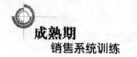

管理者要特别注意，成熟期销售人员更容易出现"漏斗断档"的现象，因为他们本身有一定的经验和客户积累，所以最容易犯诸如吃老本、躺在老客户身上睡觉、只看现在不看未来、小富即安、不思进取等错误，如果听之任之，不仅销售人员自己的业绩大起大落、情绪波动不定，甚至还会影响整个团队！

空杯

"断档"的最终结果就是"空杯"了。

此时该销售人员的漏斗内外，已经没有任何的销售机会，一切必须从零开始，发展一个客户必须经历从外层、到表层、到中层、再到底层的过程，其业绩的实现往往会遥遥无期，征途漫漫！

除了入门期的销售人员之外，对其他任何阶段的销售人员来讲，销售漏斗都不应该有"空杯"状态，如果有，那一定是其前期对销售漏斗的管理出现了重大问题！

自检思考

审视一下自己的销售漏斗，看一看它处在怎样的状态，是令人兴奋的"充满"，还是令人烦躁的"堵塞"，抑或是有些危险的"断档"或令人绝望的"空杯"？

◎ **应对策略**

仅仅能够识别漏斗的状态是远远不够的，其实销售漏斗中存在的诸多问题，都与销售人员的风格偏好和工作习惯有关，比如面对自己的销售漏斗时，不同的销售人员会有不同的侧重，有的看中赢率的高低，有的关注漏斗的位置，有的会偏爱高价值客户，而有的则只看某个项目的金额大小，只要是大项目他就一头扎进去，其他就一概不理会了！

那么，当一个销售人员面对自己的销售漏斗时，究竟应当怎么做才能有效地规避问题，防止"空杯"，并尽量使自己的销售漏斗始终都处在"充满"的状态呢？

密集进攻

"密集进攻"一般用来针对销售漏斗的底层机会，而且必须都是高价值客户，另外项目的金额也要大。采取"密集进攻"策略的销售人员可能做梦都在想着这几个项目，做梦都在思考着如何公关，做梦都想着最终拿下订单的那一刻的感受……

"密集进攻"无疑是一个销售人员近期工作的重中之重，销售人员必须全身心地投入，不能有丝毫的怠慢，否则将功亏一篑！

另外需要注意的是，采取"密集进攻"策略时并不考虑赢率的影响，也就是说无论赢率高低，只要是在漏斗底层的、高价值的、高金额的销售机会，无论其具有怎样的赢率水平，都应当给予最优先的精力和资源投入。

主动投入

销售人员要想使自己的销售漏斗始终保持充满的状态，"主动投入"的动作最为重要。"主动投入"指的就是，在忙完了密集进攻的项目动作之余，只要有时间和精力就必须投入到某个工作目标中。

从漏斗的图形状态就可以很容易想象，要使一个销售人员的漏斗始终处在充满的状态，最重要的是底层的几个销售机会签约之后，一定要及时地补充新的销售机会进入自己的销售漏斗，并且当此机会尚处在表层的时候就要进行精力和资源的投入，以期在该销售机会进入中层阶段时就能够达到一定的赢率标准，以保障最终胜出的概率。

依此原理，所谓"主动投入"，就是指忙完了漏斗底层的紧迫项目后，把握各种机会将自己的时间和精力投入到寻找外层机会和挖掘表层机会上。寻找外层机会的重点，就是主动寻找和发现新的销售契机；挖掘表层机会指的是，在项目尚处在朦胧状态时，就认真了解该项目的背景，积极地与客户方的关键人物沟通，同时判断该客户的潜力价值和可能的项目金额，争取在该机会尚处在表层时就能够奠定高赢率的基础！

成熟期销售人员的销售漏斗，之所以容易出现"断档"的危险状态，核心原因就在于该销售人员没有做好"主动投入"的动作，当他们忙完了漏斗底层"密集进攻"的项目之后，就开始睡大觉、吃老本，而没有投入足够的精力再去开发新客户和新机会，最终造成了其漏斗的"断档"甚至是"空杯"！

重点推动

"重点推动"一般针对漏斗的中层，针对那些赢率小于40%、低于"展示引导"阶段的销售项目。

"重点推动"的行动级别比"主动投入"的级别稍低，它的具体动作是指，当销售人员发现自己处于漏斗中层的机会当中，还有赢率小于40%的项目，就应当进行有重点的公关和客户沟通，尤其对其中具有高价值和高金额的销售机会，一定要尽量在其进入到漏斗底层之前，争取到60%以上的赢率水平。

按部就班

纵观整个销售漏斗，其中也会有一些价值不高、金额不大、赢率水平也难以判定的销售机会，这种销售机会可能也会分布在漏斗的表层、中层和底层。针对这些机会，最有效的做法就是"按部就班"，到什么环节就配合做什么事情，而不必付出额外的精力和资源投入。

观察分析

所谓"观察分析"在这里指的是，对自己的整个漏斗的状态要随时

进行观察分析，至少每两周进行一次销售机会的更新和填充，然后冷静审视自己的销售漏斗是否充满且通畅，如果不是，就要根据现象寻找原因，然后制定修复策略。

通常来讲，如果漏斗状态是"堵塞"，往往要进行重点项目的跟进和攻关；如果是"断档"，则要马上"主动投入"，积极寻找和发展外层及表层机会；如果漏斗中缺乏大项目和高价值客户，则要重新审视自己市场的主攻方向是否正确；如果项目的赢率始终无法快速提升，则大多数情况下需要提升自己的销售能力和技巧；当然，如果发现自己的漏斗已经"空杯"了，那也就只好从零做起了！

三、销售机会汇总表

> 前面我们重点谈的是漏斗管理的核心步骤，但从操作的角度看，仅仅了解核心步骤还是不够的，我们还需要一种能够将这些核心步骤转化成具体的工作动作的方法，而这个转化的过程实际上就是将漏斗管理表格化的过程。

将漏斗管理的六个步骤表格化的过程，实际上就是将漏斗管理中的相关重要信息，都集中到一张操作表格当中，然后销售人员只需要随时填充、修改、审视自己的这张表格，根据表格显现出来的问题规划下一步的具体营销动作，就能够对自己的销售漏斗实现有效的监控和管理了。

这张表格，就是"销售机会汇总表"。

销售机会汇总表的整体结构

销售机会汇总表，整体上分成三个主要部分：第一部分是表格的主体,主要描述销售漏斗的表层、中层和底层的状况;第二部分重点描述的是外层的销售机会,其描述的详细程度比漏斗内部的描述稍逊;第三部分主要描述的是本期销售机会与前期销售机会的变化项目,即前期销售漏斗内的销售机会未出现在本期漏斗中的原因分析。

表层、中层和底层

具体时间的界定,还是要根据各个公司的具体情况来确定,但从常规来讲,中层时间至少应当是底层时间的两倍以上,而表层时间又是中层时间的两倍以上,不能确定时间的项目都可归入外层机会里。

销售机会汇总表

漏斗位置	客户名称	价值类别	产品/型号	数量/金额	赢率判断	优势机会	劣势威胁	行动/时间	所需支持
表层									
中层									
底层									
外层									

(续表)

	客户名称	价值类别	产品/型号	数量/金额	当时赢率	结果描述	原因分析
前期机会							

◎ 客户名称、产品/型号、数量/金额

上述内容按常规状态填写即可，但"数量/金额"一栏，公司最好有相应的规定，明确大、中、小型金额的具体标准，以便大家有一个共同的评价基准。

◎ 价值类别

价值类别可以分成"大、中、小"，也可以分成"A、B、C"，还可以称为"钻石、白金、银卡"等，这些都是可以用来描述客户价值的用语，但最关键的还是要标准统一且用词规范。

◎ 赢率判断

这是整个漏斗管理法中最具难度的一步，因此公司一定要有针对四个相应赢率阶段的参考标准，并且销售人员自己在填写此栏目时，一方面要参照公司的标准，另一方面一定要真实客观。管理者也要提前明确地告知每一个销售人员，此表格是为方便自己的客户管理工作的，而不是写给其他人看的，因此真实客观地反映实际的客户状态，才是最重要的！

◎ 优势机会、劣势威胁

这两项也是客观分析该项目情况的重要栏目，这两个栏目的填写内容往往与赢率状况密切相关，并且销售人员在填写此栏目的过程中，也可以对该项目进行一个阶段性的总结和梳理。从管理者的角度看，这两个栏目的填写是否充实、详尽、合理，也能够从侧面反映出该销售人员对赢率的判断是否客观和准确。

◎ 行动/时间

赢率没有100%，即便是80%的赢率水平，也会有许多跟进工作要做，因此此栏目要求填写具体的行动内容，比如给客户方某个关键人物打一个电话、再给客户出具一个更有针对性的方案、尽量将客户方的技术把关者约出来面谈一下等。并且不仅要写下具体的行动内容，还要写下具体的行动时间，并且完成该动作的最后期限一定要精确到某一天，而不能笼统地填写诸如"下周约客户吃个饭、月底再出个方案、中旬抽空再去客户那儿沟通一下"等。

◎ 所需支持

"要求领导出面协助沟通、要求技术部再修改一下方案、要求商务部再调整一下价格、要求增加额外的费用支持"等，上述事件往往超出了销售人员个体所能掌控的资源，但该销售人员认为这些动作对于提升项目赢率来讲是非常重要的，类似内容便都可填写到"所需支持"栏目中，最好还能附加上原因说明，这样管理者在决策时就更有依据并且也便于关联部门统筹计划。

外层机会里的栏目

相对于漏斗内部的销售机会，外层机会往往在时间、金额、赢率、

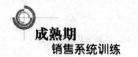

客户价值等方面都还比较难以把握，因此外层机会栏目里的项目较少，并且大多数情况下，描述得比较粗略也属正常。

◎ 结果描述

这是本表格"前期机会"描述部分里的重点栏目，主要填写前期表格中那些消失了的机会的结果究竟如何。

"结果描述"一栏，最常见的填写内容有四类：一是"已经签订订单"，即已经签订了协议，将进入到后期订单处理的环节，因而从本期表格中消失了；二是"客户取消采购"，即因客户方诸如"客户预算取消、领导班子调整、金融危机影响"等，导致客户取消了采购计划；三是"采购计划后延"，此种情况比取消采购要多，一般来讲此项目在漏斗中的位置会相应地由内部转移至外层；第四种最糟糕，即"签约竞争对手"，就是经过一番争夺，我方以失败告终。

◎ 原因分析

尤其是对第四种结果类型（签约竞争对手），此栏目的填写和相关的反思尤为重要。

如果填写的内容为"我方价格太高、竞争对手与客户方的关系好、我方交货期限不能满足客户要求"等，销售人员自己一定要进行深入的反思，比如因交货期限不能满足客户需求而丢标，此时销售人员在填完此栏目时就要反思："为什么该客户如此看重交货期限？我是到什么时候才意识到交货期限对客户来讲至关重要？为什么我意识到此问题的时间如此之晚？如果客户需求与我公司的实际供货能力都不能改变的话，我前期投入那么大是否值得？从此项目的失败中我应当汲取哪些教训……"总之如实填写本栏目固然重要，但更重要的还是汲取教训、避免重蹈覆辙！

作为一张总结性的表格,"销售机会汇总表"实际上是整个销售漏斗管理法的操作模板,认真填写和使用此表格,不仅对销售人员本人,而且对整个业务团队,甚至对整个公司,都意义重大!

本章总结

"车订多了会造成积压,但订少了又会影响销售……"本章从一家卡车经销商销售经理的烦恼开始,在讲述了销售预测的重要性和基本原则之后,重点介绍了销售漏斗管理法的六个核心步骤,之后又提供了一张贯穿整个漏斗管理体系的"销售机会汇总表",以使漏斗管理的思想最终落地!

本章练习

漏斗管理的第三个步骤是"赢率判断",第五个步骤是判断漏斗位置,其中漏斗位置有三个,分别是表层、中层和底层,那么,当一个销售机会到达了漏斗底层的时候,它的赢率是否一定高呢?为什么?(见参考答案)

第三章
销售人员的自我管理

做业务不同于做行政、生产、研发等岗位，原因之一就是业务工作中的大部分时间都是销售人员自己支配的，也就是说较其他工作而言，销售人员更需要有超强的自我管理能力！

第三章 销售人员的自我管理

一、销售人员自我管理中的常见问题

> 成熟期的销售人员，面对着比成长期更复杂更艰巨的任务，其工作的种类和工作的数量都有明显的增加，因此就更需要有效地安排好自己的时间、安排好自己的工作，这样才能既做好自己的业务同时又搞好个人的生活，但这并不是每个成熟期销售人员都能做到的，他们中相当一部分人其实每天都是忙于救火，焦头烂额！

庞淼的一天

作为淮西通信公司老城区业务四组的客户经理，庞淼的业务能力是没得说的。他负责所辖地区内的制造业客户，有水泥厂、轴承厂、农机公司、木器加工厂等二十几家企业，主要为客户提供手机组网、专线接入、视频电话、信息化业务管理软件等综合性的通信解决方案。

这是一个普通的周三，庞淼几乎是踩着点儿来到办公室，几年来他经常如此，今天车还算顺，否则肯定又迟到了。不过，庞淼并不着急，因为他知道，公司规定的各业务组8点半必开的早会，至少会晚10分钟。

果然，办公室里的几个同事还在谈论着春晚，庞淼也不紧不慢地开始打领带，一边跟大家高谈阔论"小虎队"的复出。

"快点快点，别磨蹭了，快8点50了，都去会议室开早会！"几个人悠然的谈话被毛经理打断了，大家陆续走进了会议室。

"各位,今天是上班第一周的第三天了。我们班组是负责城区市场的,最近我们的客户也纷纷上班了,大家一定要抓住这个机会加强客户拜访,争取在正月十五前把手头的客户都走一遍。走访时要注意礼品派送的安排、新业务的宣传,还要注意竞争对手今年的动作。另外,让客户知道今年我们公司与E-PHONE的合作又有了新的政策……"毛经理拿着个本子有条不紊地说着,但此时的庞淼却在低头看着手机短信,短信内容是老岳父提醒他别忘了给岳母买点降血脂的药。"小庞,该你了,跟大家说说正月十五客户答谢晚会的进程安排!"随着毛经理的话题一转,庞淼猛地一抬头,脑海中忽地闪过:"坏了,经理早就布置让我负责正月十五晚会的组织,昨晚因为看电视太晚,居然把这事儿给忘了!""怎么回事儿,庞淼?晚会进程和注意事项写了没有?"毛经理口气充满疑惑。"噢,对不起,昨晚一忙就没来得及写,不过我跟大家说说想法吧!"庞淼急中生智。"不行不行,必须写下来,还得给每个人复印一份。这样吧,白天抽时间,晚班会一定跟大家说说。时间没两天了,大伙儿还得根据你定的进程准备物品,这次活动可是咱们城区市场的开门红,绝对不能马虎!"毛经理满脸不高兴。"好的好的,经理您放心,晚班会前肯定写完!"一想还有一天的时间,庞淼松了一口气。

从会议室出来,已经快9点半了。庞淼坐在办公桌前,习惯性地打开电脑,他要先收邮件,看看有什么紧急的事情要处理,"哇噻,今天的事儿可真不少,水泥厂催问今年新的话费合作方案、轴承厂要正月十五晚会的具体日程好向领导汇报、管理部要求一周的新客户拜访不得少于30家……"看到这儿,庞淼的眉头一皱,心想:"管理部这帮家伙整天坐在办公室里就是没事儿找事儿,根本就不问实际情况,我地区的制造业客户一

第三章
销售人员的自我管理

共也没有 30 家,哪给他找每周 30 家新客户去?"想到这儿,庞淼无奈地摇了摇头,"哎?这是什么?'积极参与,定有收获,机不可失,人人有奖'!"庞淼突然被一封邮件的标题吸引,他眼睛一亮,仔细一看原来是工会发过来的,"下周组织迎春羽毛球赛,只要报名并参加比赛,就至少能获纪念奖,一身防静电的李宁春装运动服;如果能进入第二轮,还能获得宝姿化妆品系列套装,可选男女六件套"。小庞越看越高兴,同时脑子里浮想联翩:"工会的这个活动倒是不错,我先参加比赛,拿套衣服再说,如果抽签碰到一个'面瓜',凭我十年前经常打球的基础,就可以进入第二轮,弄一个六件套,送给我老婆,她肯定会欣喜若狂……"小庞越想心里越美,不由得嘴角露出惬意的微笑。

"嘿,庞哥!想什么呢?这么高兴!"庞淼的幻想突然被同事赵黎打断了,小庞一抬头,忽然想起来了:"噢,是赵黎呀!咱们该出发了吧,车约好了吗?"原来庞淼早就计划好今天要至少走访三家客户,其中木器厂最远,所以他就搭上赵黎,两个人一块儿拼车,费用就可以平摊了。"早约好了,司机刘师傅已经在门口等了一会儿了,哎,我跟你说,沈东也一块儿去,他只是绕道去一下农业路第七中学,我在请车单上填的是我们三个人一块儿要车。"赵黎回答着。"那太好了,绕点远没事儿,这样费用又省了!"庞淼听说又多了一个人分摊费用,挺高兴。"行了庞哥,你手里那么多大客户,还在乎这点费用?"赵黎半开玩笑地说着。"嗨,客户多事儿也多,每天的事儿都是一堆一堆的。行了,赶紧走吧!"庞淼说着开始收拾东西,之后又下二楼等了会儿同行的沈东,他们三个上车的时候已经快 10 点了。

这个春天真奇怪,天气冷一阵热一阵的,昨天零下 8 度,今天又零上 8 度了。车堵在农业路已经 20 多分钟了,庞淼烦躁

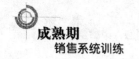

地打开车窗，拿出手机："喂，魏主任吗？我是通信公司的庞淼啊！不好意思我可能晚到一会，大约11点吧！啊，什么？11点您要开会？那就这样，我把今年咱们要合作的方案放您桌上，回头您开完会再看看，有什么问题您随时打我电话，好，好，那就这样，您先忙！"挂断电话，庞淼心里松了一口气，"行了，把方案放到魏主任的桌上，就算完成一件事儿！"庞淼嘴角掠过一丝满意的微笑，又拨通了另一个号码："喂，是章总吧，哎呀，我是通信公司的小庞呀。您好！给您拜个晚年。是这样的，不好意思，我可能上午赶不过去了，我下午去您那儿，您下午在办公室吗？在呀，那太好了，您那儿是下午两点上班吧？我两点准时到，您放心，晚会邀请函我带着！不见不散！……喂，是黄科长吗？我是通信公司负责您公司通信业务的客户经理小庞呀！请问您下午有时间吗？想给您拜个晚年……喂，是李袁广先生吗？您好，我是通信公司负责您单位的客户经理，我姓庞。听说您的手机经常没信号，是这样吗？噢，那有可能是您正好不在服务区，因为最近我们公司正在做3G的网络改造，您放心，改造后信号覆盖会大大提高，而且以后还能……"借着堵车，庞淼不停地处理着工作上的事情。

当车停在木器厂门口的时候，已经11点了。"刘哥，您能不能稍微等我一会儿，我进去送个资料最多10分钟就出来，然后咱们一块儿回公司？"庞淼说话时满脸堆笑。"好吧，那你可快点儿，今儿这一上午可都耽误在你们几个身上了！"刘师傅一听说还要等，明显有些不高兴。"没问题，只要超一分钟，中午饭我请了！"庞淼说完，给刘师傅作了个揖，匆匆转身进了木器厂大门。

其实庞淼来到木器厂办公楼二层时，已经看到了魏主任的背影，可能是还没有到开会的时间，但庞淼因为担心见面还得寒暄，说不定对方还会问到方案的细节，所以庞淼眼珠一转，把方案留在了前台，委托前台转交给魏主任，然后，因为生怕魏主任看到，就匆忙下楼溜出了木器厂。

  回到车上的小庞看了看手机上的时间，"刚过11点，太好了，回去简单吃个饭，然后出水泥厂的方案，还有淮西轴承的报告，正月十五的晚会进程可千万不能忘，另外下午还得去趟东风农机的章总那里……"小庞心里盘算着。"小庞呀！我听说最近咱们的E-PHONE卖得挺火？"开车的刘师傅突然发问，打断了小庞的思路。"是啊，刘师傅，最近E-PHONE确实挺火，咱们营业部白色的那款都没货了，我有好几个客户都在催我！"谈起E-PHONE，小彭总是颇为自豪。"我还听说你们做集团业务的手里有好多靓号，能不能给咱弄个三连号的？"刘师傅听到这儿，歪头看了一眼庞淼。"没问题，我从已经组网的客户里给你找个三连号的，今天回去我就到系统里查，回头给你电话！"庞淼满口答应。"太谢谢了！那中午一块儿吃个饭吧？"刘师傅眼睛一亮，又看了一眼庞淼。"刘师傅您别太客气了，我中午还有一大堆事儿，下午还得出门，咱们以后再找机会吧！"小庞想起中午要做的一堆事情，急忙推辞。"你下午要出去？去哪儿我拉你去，不用填单子！"刘师傅态度很诚恳。"不填单子不合适吧！那你怎么向头儿交代呢？"庞淼听到这儿也眼睛一亮，心里暗暗欣喜。"没事儿，我就说去保养车，顺路，不会有人问的！"刘师傅很有把握地回答。"那太好了，要不中午我请您吃饭吧？"庞淼此言一出，两人都笑了起来。

  回到办公室的庞淼，马上打开电脑里的业务系统，为刘师傅寻找可用的三连号，"斯科拉链公司，还有一个三连号，可惜是444，太不吉利了；淮西水泥这个行，666，挺顺，可是对方好像说过要新聘一个管渠道的高级经理，说不定要用这个号；

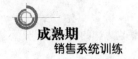

要不重新申请？可惜这个月我的靓号指标已经用完了；要不找找赵黎？看看她那儿有没有空余的三连号，先拿来用一用，回头下月我再还她！"想到这儿，庞淼马上拨通了赵黎的电话……

已经12点半了，庞淼终于说通了赵黎，得到了一个333的连号，给刘师傅打电话通报喜讯时，庞淼心里甭提多高兴了。之后，庞淼突然想到自己还没吃饭，于是赶紧奔食堂。在排队的时候，被人从后边拍了一下肩膀，回头一看，原来是内勤小周。"哎哟，庞哥，找你找得好苦啊！"小周好像话里有话。"行了，小周，我上午去客户那儿了，有什么事儿，快说吧，我吃完饭还一大堆事儿！"庞淼有些不耐烦。"你事儿多，我的事儿可也不少，我可正式地通知你，春节前的总结咱们班组可就你没交了，如果明天早上还不交，那我可不能再等了，到时候一季度的管理绩效分你拿不着，可别怪我！"小周说完话一歪头，一副很生气的样子。"哎哟放心吧！我的周大小姐，我明天早上开早会前一定交，这样总行了吧？"庞淼边说边摆摆手。

中午吃完饭，庞淼本来想处理一下杂事，但是被同事拉过去打牌。下午1点半，小庞再次习惯性地打开电脑，映入眼帘的是一封木器厂魏主任的邮件："小庞你好，方案收到，我觉得没什么太大问题了，你下午能否再来一下，正好今天我们老总也在，如果老总认可，协议下午就能签了！"看到这儿，小庞一阵欣喜，心想："太好了，真是一顺百顺，下午先去东风农机，然后再搭刘师傅的车去木器厂，只要这个协议一签，这月的任务心里就有底了！"庞淼边想边把双手托在脑后，悠然地看着天花板。

没过多久，庞淼的遐想就被刘师傅的电话打断了，他匆忙收拾了些资料，下楼钻进车里，一溜烟地出了公司大门。

路上并不很堵，小庞顺利地在规定的时间到达了东风农机的章总那里，寒暄过后，章总询问了许多有关通信业务、资费、保障、服务、今年的优惠政策等方面的问题，这些问题在庞淼看来都是小儿科。流畅地回答完章总的询问之后，小庞带着轻松的心情又回到了刘师傅的车上，直接赶奔木器厂，一路上小庞又跟刘师傅聊天。聊着聊着小庞忽然觉得不对劲："怎么这么清静，半天连个电话都没有？不对，我手机静音了！"想到这儿，小彭赶紧拿出手机，一看居然有6个未接电话，打头的两个都来自水泥厂……

"是曹哥吧？哎呀，不好意思，我刚才跟农机公司的客户谈话，所以手机静音了，您是问方案的事儿吧？"庞淼满脸堆笑地说着。"当然是了，怎么回事儿小庞，都三天了，怎么方案还没发过来？我跟你说，刚才联动公司的客户经理可来过了，现在他们正跟我们老总谈着，你要是一小时之内再发不过来，说不定老总就拍板定联动的方案了，那时候咱们前功尽弃，你可别

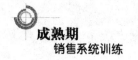

怪我!"电话那一头的曹哥语气颇为不满。"放心曹哥,你可一定帮我盯着,一小时内肯定发过去,可千万别让老板定联动的呀!"小庞马上紧张起来,他心里明白,水泥厂可是他这个区域最大的用户,如果这个项目丢了,毛经理非吃了他不可。"哎呀,刘师傅,不好意思,快调头回办公室!"小庞一边说一边找木器厂魏主任的电话。"往回走?木器厂马上就到了!"刘师傅很吃惊。"往回走,快!我回办公室有急事!"小庞急忙解释,一边拨通了魏主任的电话:"喂,魏主任吗?你好,我是庞森啊,实在不好意思,魏主任,公司临时通知要开会,下午去不了了,麻烦您跟老总说一声,要不咱们约明天?"

回到公司,已经快下午4点了,一看电梯口人多,小庞三步并作两步上了楼。"唉小庞,毛经理找你!"同事孙庆一看小庞进来了,赶紧说了一句。"好的好的,回头就去!"小庞随口答应,边说边打开电脑,"方案、方案、水泥厂的方案,记得昨天前言部分已经快写完了,放哪儿了?怎么找不着了,算了重写吧!"小庞的十指正在键盘上飞速跳跃着,突然电话响了起来,小庞歪头一看是市场部的,心想:"算了,先别理它,肯定又是催客户调查的事儿!"小庞于是随手把手机调成了静音,又低头写了起来……

不知不觉中,5点多了,小庞终于如释重负地松了一口气,看着屏幕上显示的"发送成功",心想:"哎呀,终于胜利了,这个破方案拖了我三天了,今天终于搞完了!"想到这儿,小庞拿起手机,想给水泥厂曹哥打个电话,告诉他方案发过去了,可一看手机又是五六个未接电话,第一个是科教组的同事沈东,"小沈啊,你给我打电话了,什么事儿?"小庞边说边伸了个懒腰。"噢,是这样的,庞哥,我有一个客户,就是上午去的第七中学,教务处的一个老师的弟弟前些日子从老家来淮西了,一

第三章
销售人员的自我管理

个多月了还没找到合适的工作。庞哥你负责的都是大客户，能不能在你的客户里想想办法？"沈东的语气很诚恳。"行啊，这不算事儿，我的好几个客户正好在招人，回头你把那位老师的弟弟的资料发过来，我帮你牵牵线！"小庞随口答应着。"那太好了，庞哥你这人就是够意思，那我明天上午就把他的个人简介发给你，一定尽快啊！"电话里的沈东很兴奋。"没问题，放心吧！"小庞说完挂断电话，一看下一个未接电话是老婆的，"喂，领导好！怎么，刚才领导关怀下属来着？"小庞面带笑容。"你这家伙，就知道耍贫嘴，说正事儿吧，今天是咱妈的生日，你可千万别晚了，7点以前一定要到家，听见没有？"老婆的语气很坚决。

挂断老婆的电话后，"喂，是魏主任吧，怎么刚才您给我打过电话？"小庞随即又拨通了木器厂魏主任的电话，"是这样的，小庞，刚才联动公司的人来过了，我看了一下他们的方案，不仅费用方面比你们的低很多，并且还承诺机场贵宾服务，我看你们的方案能不能再改动一下，一个是费用方面再优惠一下，另外能不能再给我们加些附加服务？"魏主任不紧不慢地说。"哎呀，魏主任，咱们已经合作这么久了，我这人您应当是了解的，我们公司报价从来都是实打实的，给您的价格已经是最优惠的了。并且我跟您说实话，联动公司的网络不行，他们就靠低价，到时候您用他们的网络，就等于上了贼船！至于机场服务什么的，我们也有贵宾服务室，您去就行了，这在我们公司根本就不算事儿！"小庞一听又是联动，皱紧眉头赶紧解释。"那不行呀，小庞，关键是老总已经知道联动的报价了，如果你们不再优惠一些的话，我在老总面前也很难做啊！"魏主任的口气很为难。"那就这样吧，魏主任，我明天上午10点前一定到你那儿，我亲自跟你们老板解释，绝不让你为难！"小庞挂断电

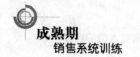

话后心想:"唉,真倒霉,下午还是应该先办木器厂的事儿,到那儿直接把协议签了,就没这么多麻烦事儿了,这下可好,还得再跑一趟,弄不好又得写特价申请、报批、走流程、改方案,唉,真麻烦!"

"走了,走了,开晚班会了,小庞快点!"随着孙庆的一声招呼,小庞跟着大家一块儿,也进了会议室,但脑子里还是木器厂的事儿……"今天又接到市场部的通知了,最近联动公司攻得很猛,他们四处出击、乱报低价、过度承诺,大家一定要小心;另外,公司的资费政策有所调整,正式文件下周一就下发,但明后天大家可以先跟客户吹个风,我们的新政策是,只要客户使用我们的网络并预存一定的费用,我们的双卡手机就可以免费赠送,并且机型有三种备选……"毛经理还是拿着本子,滔滔不绝地一条一条地说着,但此时小庞正低头看着短信,是司机刘师傅为表示感谢非要请他吃饭。"好了,庞淼,接下来该你了!"小庞刚想回短信解释今天不行,大拇指还没动就被毛经理点了名。"噢,我今天是这样的,上午去了木器厂,把方案送过去了,下午又跑了一趟农机公司,也挺顺利的,水泥厂的方案也发过去了,估计问题不大,总之这月的任务我这儿没什么问题,就是木器厂的魏主任对我们的报价还有点……"小庞赶紧汇报自己一天的工作,"我没让你说这些,你的正月十五客户答谢会的计划呢?赶紧跟大家说说!"毛经理有些不耐烦地打断了庞淼的话。"啊?答谢会计划?我……还没写!"小庞脑子嗡的一下,心想:"不好,我怎么把这件大事儿给忘了!""什么?没写!我说庞淼,你的脑子怎么长的?离活动只有三天了,整个班组的人都等着明天给客户发通知,你居然告诉我现在计划还没拿出来。不行,现在就写!窦海,去把我的笔记本电脑拿过来,庞淼你来敲,大家一条一条地过!"毛经理的声音突然

第三章 销售人员的自我管理

提高了八度，大声呵斥……

接下来的每一分钟对于小庞来讲都是煎熬，毛经理经常愤怒地打断小庞凌乱的思路，大家也七嘴八舌地对活动内容进行着补充，小庞的双手机械地在键盘上跳跃，经常由于紧张而卡壳，以往熟悉的字句怎么也打不上，结果招致毛经理的责难和同事的埋怨，直到最后一行字"主持人宣布活动结束，祝大家晚安"打完时，小庞已是满头大汗，整个人都要虚脱了……

散会后，毛经理也看出小庞脸色不好，他用既责怪又无奈的眼神看了一眼庞淼，"小庞啊，在班组里你也算是老员工了，我本来下午就想找你好好聊聊的，这样吧，我明天上午要去一趟市公司，大约10点回来，你在办公室等我。今天就先这样，回家休息吧，时间也不早了！"毛经理说完摇了摇头，转身回自己的办公室了。此时的小庞，木然地冲着毛经理的背影点了点头，脑子里一片空白……

快8点了，小庞拖着疲惫的身子下了楼，"出来了，出来了，我正打车，马上就回。"面对电话里老婆的疯狂指责，小庞的回答有气无力。"怎么了老公？你声音不对，你病了吗？"发觉庞淼的声音不对，老婆的语气变得关切。"嗨，没事儿，就是有点累，我已经上车了，马上就回，马上就回！"小庞尽力提高了些声调，之后钻进了一辆出租车，很快就消失在夜幕中了……

从工作的角度看，小庞绝对不是一个懒汉，令其最后焦头烂额的最重要原因，就是他对自己的工作缺乏合理的计划和管理，这一点也是许多成熟期销售人员的通病！

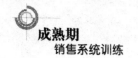

成熟期的销售人员，能力强了，责任大了，头绪多了，事情杂了，就更容易出现类似小庞的问题，这些问题，主要有以下几个典型表现：

缺乏计划安排

随着工作复杂程度的增加，销售人员应当提前做好每月、每周和每天的工作计划安排，这样才能突出重点，有条不紊地安排好一天的工作。但许多成熟期的销售人员，虽然工作的复杂程度大大增加，工作状态却没有任何改变，仍然处在"见招拆招，触景生情"式的工作状态中。他们漠视计划安排，不喜欢规划未来的工作，最终导致的是"顾此失彼，丢三落四"，给自己的工作甚至生活都带来了巨大的负面影响。

工作目标不明确

人生有目标，不同的阶段也有不同的目标，这些目标有大有小，有远有近，有轻有重，并且一个大目标的完成，总是以相关联的次级目标的完成为前提。但如果没有对目标进行有效的分类和分解，或是本身做事就缺乏目标感，整天"眉毛胡子一把抓"，经常做些"丢了西瓜捡芝麻"的事儿，那么到头来肯定事倍功半。

容易因意外打扰分心

黑夜中划过的流星、一群小伙子中的一位靓女、枯燥文字中的一幅插图……这些大背景下的特殊元素，往往更能吸引人们的眼球。

业务工作也是一样，整天都是客户、业绩、拜访、订单，这时"工会的羽毛球，中午的打牌，电脑上的FLASH"就会显得格外有吸引力。

但作为一个销售人员，当这些具有特异性的元素吸引自己的时候，如果一头扎进去而不能自拔，就会耽误正在进行的更重要的工作，其后果不仅是影响日常的工作进度，还非常容易陷入不务正业、玩物丧志的境地，最终导致工作表现和业绩的全面溃败。

自以为万能

故事中的庞淼，应该是一个非常热心的小伙子，但就是因为其热心过度且不分急缓，结果分散了自己的大量精力，浪费了自己的大量时间，而最终却是"费力不讨好"！

作为一个销售人员，其主要的目标应该放在工作上，如果是客户的事情，理所当然要想尽办法去满足，但如果牵扯到其他，就要把握分寸，适可而止！

但有些销售人员，特别是处在成熟期的销售人员，因为其知识、技能、社会关系等都有了一定的积累，于是乎就产生了一种叫做"自以为万能"的心理感受，认为自己什么都行、什么都能搞定，一定要成为团队中的老大，时时事事都要拔尖、出头、做主、令人崇拜，殊不知，要想实现此种状态是要花费大量的时间和精力的，如果处理不好，就极容易陷入"耕别人的田，荒自己的地"的境地中，到头来老大没有当上，倒弄得自己整天手忙脚乱，成天挨领导批评。

缺乏自我控制能力

工作累了，需要休息和调整；成天想的都是客户订单，需要娱乐活动来换换脑筋；每天面临业绩的压力，也需要适当放松，来舒缓一下自己的情绪……

但有些销售人员，说是换脑筋却打了一宿的游戏，说是放松却喝了整整一瓶酒，说是调剂一下却在麻将桌上输掉了自己半年的积蓄……如

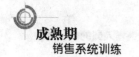

此种种根本不是什么调剂、放松、换脑筋,其实就是一种缺乏自制力的表现。

缺乏自制能力的销售人员,过度沉溺于某种带有娱乐性质的活动,最终不仅不能起到放松或换脑筋的作用,反而会使自己的效率下降,精神萎靡,甚至健康受损!

总处于"忙,盲,茫"的状态

"忙"是一天到晚忙碌的状态;"盲"指的是做事之前,缺乏对该事件价值的评估,在盲目的状态下就开始投入大量的时间和精力;"茫"则是指,偶尔停顿下来才发现自己的收获甚少、进度甚慢、成长甚微,因而对自己的未来充满茫然的一种心理感受……

成熟期的销售人员,因为在业务领域已经具备一定的能力和基础,在被公司赋予更大业绩期望和更多工作内容的情况下,一天到晚总是处于忙碌状态,但"西瓜皮"式的工作方式,滑到哪儿算哪儿,见招拆招,遇事处事儿,目标盲目且缺乏方向,不但最终走不出忙碌的状态,还会真的使自己前途渺茫!

> **自检思考**
>
> 你觉得周边同事是否存在类似庞淼的现象?是否也有上述所说的六个问题?如果有,你觉得应当如何帮助他加以改进呢?

二、销售人员自我管理的常用方法

> 销售人员每天要面对的人和事很多,如果不懂得自我管理,那么销售人员很容易被杂七杂八的事干扰,以致影响业绩。

目标的确定及分解

缺乏明确的目标,是成熟期销售人员自我工作管理混乱,最终导致费力不讨好的重要原因。但正确理解目标,确定目标的不同价值,以及目标的分解并不是一件容易的事情。

◎ 目标的内容与特性

"人有多少愿望,就有多少目标!"

儿时的梦想是周游世界,少年时的目标是考上重点中学,读本科时的目标是能加入校艺术团,毕业时的目标是能找个漂亮老婆,工作后的第一个目标是能拿下全省的项目,之后又是多挣提成、买房、生儿育女……

每个人回味过去都有许多曾经拥有的梦想,面对现在也有许多要做的事情,展望未来又有许多的想法,而这些,最终都可以演变成一个一个的目标。

目标有大有小、有远有近、有难有易,可以是具体的事情,也可以是未来的计划,但从内容来看,对于职场中人,其所有的目标都可以分成两大类,一类是生活上的,一类是工作上的。参考下表我们可以发现,其实在庞淼的一天里,他就有着数量众多的目标:

家庭生活	日常工作
给岳母买降血脂药	写元宵节客户答谢会进程
羽毛球赛获奖	写水泥厂合作方案
讨老婆欢心	与木器厂签订合作协议
玩游戏、打牌等娱乐活动	与司机刘师傅搞好关系
看电视	写去年的工作总结
给岳母过生日	与同事融洽关系
……	……

当然，工作与生活的目标有时也是相互联系的，比如工作目标完成得很好，就可以获得领导的赏识，可以有更高的收入，而有了更高的收入，自然就可以实现自己家庭生活的诸多愿望。

但理解目标，除了目标的分类之外，更重要的是理解目标的特性。

目标的四个基本属性

"我要在今天下午5点钟之前，将元宵节客户答谢会的进程计划写出来，要明确写清每个步骤的起止时间、具体内容、物品准备、注意事项，以最终毛经理的口头认可为准！"

以小庞的写"元宵节活动进程"这个工作目标为例，一个完整的目标，一般包含以下四个基本属性：

明确性，这是目标的第一个基本属性。它一般又包含三个基本要素：第一是时间明确，即"今天下午5点钟之前"；第二是内容明确，即具体要做什么事情，小庞这个目标的内容就是写进程计划；第三是结果明确，一般要以数字、行动、状态等进行描述，在小庞的目标当中，此处描述的是"起止时间、具体内容、物品准备、注意事项"等。

可衡量性，即一定要说出一个指标，像一把尺子一样，用以衡量目标是否最终达成，前面的目标描述里已特别强调，一定要得到毛经理的口头认可，这就是一个典型的可衡量性指标。

个别性，即在目标描述的过程中，一定要强调"我"是目标的责任人，而不能用"我们"、"全公司"、"销售部"、"大家"等群体性词语。上述目标中，第一个字就是"我"，这就是个别性的体现。

实际性，指的是任何目标都不能严重脱离实际，并且也不能没有一点儿挑战，这两个方面的结合，就构成了目标的实际性。小庞一天的工作很忙，要抽时间写进程计划，还是很有些挑战性的，但同时又不是遥不可及的，比起要求小庞一天写出一篇长篇小说来讲，写进程计划这件事，还是非常实际的！

◎ 目标的分解

要实现目标，除了清晰地认知其四个基本属性之外，还必须付出努力，而这些努力，就是一件一件地使这个目标得以实现的具体事情。

核心目标	目标分解	相关事件	时间	注意事项	所需支持
我（庞淼）要在3月31日前，完成30万元的合同签订任务，以业务管理部合同统计的累加结果为准！	我要在3月1日前，与淮西水泥厂签订今年的通信合作方案，总金额不少于10万元，以最终合同签订为准！	出具今年的合作方案	2月23日至24日	与去年价格的衔接，强调增加新服务内容的必要性	
		发送方案并确认查收	2月25日上午	一定要与曹经理电话确认	
		与对方讨论方案细节	2月25日	电话或见面确定方案细节	向商务部申请，能否再降网内话费
		面见对方老总	2月26日	强调所捆绑的信息化业务给对方带来的效率提高	确定毛经理能否协助拜访
		签订协议	3月1日	避免再谈方案中的细节	询问印章管理员小张能否协同拜访
	我要在3月2日前，确定木器厂今年的合作方案，合同金额不少于5万元，以合同的最终签订为准！	……	……	……	……
	我要在3月8日前，与东风农机确定今年的合作方案，金额不少于3万元，以最终协议签订为准！	……	……	……	……

上表所显示的，就是一个典型的目标分解过程。

核心目标是"月底完成30万元的订单签订任务"，要完成这一任务，需要水泥厂、木器厂、农机公司等客户都实现签约，而每个要签约的项目，又必须做好各项相关工作，如水泥厂的项目，就必须写方案、发送给对方、探讨方案细节、上门拜访、价格谈判等，只有这些事项得到顺利执行，才能最终实现与水泥厂的签约，而实现与每个客户的顺利签约，才能有效保证"月底30万元"的目标达成。

许多销售人员不屑于按照目标的四个基本属性认真地制定目标，更不愿把每个目标细分成具体的工作事件，他们认为，"写什么目标？弄什么计划？都没用！因为这年头计划没有变化快呀"，殊不知，作为一个销售人员，如果脑子里没有清晰明确的目标，没有完成目标必须达成的各项具体的工作，就会像庞淼一样，整天处于"忙，盲，茫"的状态当中！

确定不同事件的不同价值

销售人员的日常工作当中，都有许多核心目标，如销售业绩上的、客户服务上的、领导与同事关系上的，而这些核心目标的完成，又需要许多支持性目标的完成，而每个支持性目标的完成，又离不开更多的具体事件，如写方案、发计划、填表格、打电话。

◎ 事件价值的分类

为了完成各种各样的核心目标，销售人员的一天通常都会被各种各样的具体事件所充斥，如果销售人员没有一个有效的方法，将这些事件进行有效的价值分类，就会"眉毛胡子一把抓，丢了西瓜捡芝麻"！

我们应当感谢富兰克林时间管理公司，早在20世纪60年代，这家公司就为我们创造了一种对事件进行有效分类的方法，即"紧迫与重要"事件分类法！

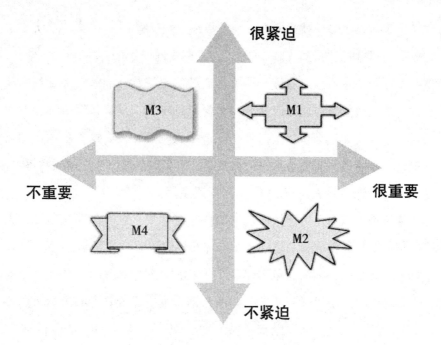

"紧迫与重要"事件分类法

"M1"类事件

"火烧眉毛"这个词很好地概括了此类事件,该类事件的特点是高度紧迫且高度重要。

水泥厂的方案、木器厂的签约、元宵晚会的进程计划等,对于庞淼来讲,都属于"M1"。从常规来看,压力很大的计划,大客户关注的紧迫事情,领导反复强调的关键事件,关乎自身的发展、个人或家庭成员的生命安全等的事件,均可归类于"M1"。

"M2"类事件

高度重要但低度紧迫,此类事件如果做得好,销售人员可以"运筹帷幄",但如果被忽略,销售人员永远会"焦头烂额"。

规划安排、思考策略、人际关系、同事氛围、客户分析、培训学习、锻炼身体,甚至休闲娱乐等,都可能成为"M2"类事件。

重中之重的"M2"

区分平庸与优秀的关键,就在"M2"!

首先,如果一个销售人员不关注"M2"的话,就会产生一大堆的"M1"!一个销售人员如果没有事先好好地规划自己的区域,没有认真地分析自己的客户,那么他的拜访就会陷入盲目,最终导致业绩停滞、领导不满、自己也着急上火,由此就会产生一系列的"M1",弄得自己应接不暇!

其次,"M2"又最容易被忽略,因为此类事件今天做或是明天做,甚至是下周或是下月做似乎都无所谓,近期也不会有什么人来催促,所以常常被遗忘,往往一拖就是几个月,甚至是几年,直到最后局面失控时才被重视。

第三,许多销售人员其实也知道"M2"事件很重要,但因为缺乏自控能力,明明自己忙完"M1"事件之后,有闲暇的时间做"M2",却对自己说:"算了,今天挺累的,规划分析市场的事儿,等明天再说吧!"

另外,有些销售人员抱有一种非常错误的思想,那就是:"这年头,计划没有变化快呀!"正是因为许多的"M2"事件都是立足未来,所以根本得不到此类销售人员的重视,就算领导盯着他,他也不愿意做!

当然,如果一个销售人员,连"M1、M2、M3、M4"的基本概念都没有的话,那就更谈不上分析"M2"、重视"M2"和执行"M2"了!

∧ ∧ ∧

"M3"类事件

同事招呼一块儿打打牌;接到一个电话,说是推销炒股软件;下午工会组织篮球赛,只要去就能得到一套衣服……诸如此类非常急迫,但仔细想来其实跟自己的日常业务工作并无关联的事件,就属于典型的"M3"。

充满"迷惑性"是"M3"类事件的普遍特征，表面看这些事情好像都应该做，并且似乎看上去并不会费太多时间。但如果一个销售人员整天被这些"M3"打扰，就会无法集中时间和精力有效地完成"M2"事件，就无法形成工作上的良性循环，甚至会像庞淼一样，连自己的"M1"事件都给忘记了！

"M4"类事件

"自我放纵"的结果，往往就是一头扎进"M4"，最终彻底堕落！

某君拜访客户时总是无精打采，因为经常成天整宿地打游戏；还有一位晚上没完没了地看电视，屏幕上不显示"再见"就下不了决心关电视；另外一位喝酒没够，客户不劝他，他也要把自己灌醉，结果第二天只好躺在家里醒酒……过度的娱乐、有趣而无意义的活动、不良嗜好等，均属于典型的"M4"！

◎ 不同的人，不同的"M1、M2、M3、M4"

不同的销售人员，对同一事件的价值判断会有巨大的差别，比如有的人认为"打游戏"是典型的"M4"，但有些人就不这么看，这背后的原因，主要来自以下四点：

不同的价值观

价值观的核心，就是对"重要"与"不重要"的判定，所以当一个销售人员并不认为工作重要时，给他讲再多的"M1、M2、M3、M4"也是无用的，因为他判断事件的角度与你不同，此种现象就是"价值观冲突"！

在各类因"价值观冲突"而导致的事件判断差异中，影响最大和最普遍的就是工作与生活的冲突，即有些人认为"工作更重要"，而另一些则相反。有效调

和这两种价值观的最好办法,就是把握好分寸和尺度,任何过度的偏颇都是不可取的!

不同的时间阶段

刚入职的销售人员,满脑子想的都是如何完成业绩、如何搞定客户,所以这时的他们会很自然地把与工作相关的所有事件都视为"M1"。但随着时间和经验的积累,到了成熟阶段,销售人员认为此时搞定客户已经没有什么挑战性了,反而会把娱乐、生活、家庭、同事间关系等看得越来越重。在此思想的潜移默化下,对事件的排序也就与刚入门的销售人员完全不同了!

不同的团队文化

人是社会性的,是离不开团队影响的。因此,如果一个团队崇尚业绩第一、崇尚工作至上、崇尚客户满意,那么这个团队中的大多数人,自然就会把相关的事件排在前列;但如果一个团队重在同事关系、重在领导好恶、重在派系争斗,那么与客户相关的事件普遍遭到冷遇也就不奇怪了!

不同的培训水平

接受过系统训练、文化水平普遍比较高的团队中的大部分成员,一般能够理性地分析各类事件的价值,并有效地安排好自己的各项工作。但如果团队没有经过相关训练,大家的脑子里并没有"M1、M2、M3、M4"和"紧迫"、"重要"等基本概念,那么"忙,盲,茫"的现象就会普遍存在了!

◎ "M1、M2、M3、M4"应用时应注意的问题

事件价值分类的概念其实并不难理解,但难在执行,因此销售人员要想在日常工作中有效应用"M1、M2、M3、M4",就一定要注意以下

问题:

适合就好

正如前文所述,"M1、M2、M3、M4"会因个人价值观、团队文化、发展阶段等的不同而不同,这就要求销售人员根据自身状况主动调整对各类事件的定义。所以在一个团队当中,每个人判断事件重要程度的标准并不一定必须相同,每个销售人员需要根据自己的实际情况,最终寻找到符合自己现实状态并与自己的长远目标相匹配的判断原则和方法。

行动次序

此决策最为关键!

假如一个销售人员已经把一天想做的事件进行了罗列,并根据自己的判断标准,对它们进行了"M1、M2、M3、M4"的标注,那么,面对这些事件,到底应该先做哪一个后做哪一个,才能保证自己的整体效率最大化呢?

最先去做的肯定是"M1",因为此类事件既重要且紧急,如果不马上着手去做的话,肯定会带来非常严重的后果!

忙完"M1"之后的选择就会比较麻烦了,因为会有两个似乎等值的选择摆在面前:一是去做"M3",因为它很紧急;二是去做"M2",因为它很重要。但选择只能有一个,并且如前文所谈的,这一步的选择就是决定销售人员"平庸"还是"优秀"的关键。

> **敷衍"M3",专注"M2"!**
>
> 工会非要下午两点之前报上名,那就先胡乱报名再说,但报完名后可就别再做无尽的遐想了;同事要你去打牌,赶紧解释自己现在忙,实在是没时间,可千万别一头扎进去,一个多小时拔不出来……
>
> 敷衍"M3"后节省出来的时间和精力,应当全力投入到"M2"事件中,比如制订计划、系统学习、分析客户、锻炼身体等。
>
> 当然,如果按照追求完美的理论要求,销售人员在做完"M1"时,

应该直接放弃"M3"而全心投入到"M2"中，但此种做法似乎有些不近人情，不太符合中国这样一个人情化的社会氛围，如果一个销售人员全然不顾周边同事的感受，生硬拒绝所有"M3"的话，恐怕会因人际关系不佳而招来诸多麻烦，那样的话，大量的"M1"也是会接踵而至的！

∧ ∧ ∧

排在最后的，当然就是"M4"了，它既不重要也不紧急，应当在彻底清闲下来之后，再着手去做。

此外，还需要说明的是，近来流行一种更加激进的说法，即在面对"M1、M2、M3、M4"这四类不同事件时，首先应当做的是"M2"，因为"M2"事件往往可以防患于未然，从源头上减少"M1"。此种说法从逻辑上讲固然正确，但问题是与销售人员的日常工作环境脱节，比如，一个销售人员不太可能让来访的客户在门外一味等待，而自己却在办公室里谋划未来。因此此种理论恐怕比较适合拥有更多掌控能力的决策层，而不是一线的销售人员。

》 ———————————————— **不同的次序、不同的结果！**

M1：业绩指标的长工

某君只关注紧急而重要的"M1"，只要"M1"的事儿一完，就一头扎进"M4"，长此以往，因为忽略了最关键的"M2"，所以随着业绩目标的不断提高，"M1"越来越多，最后搞得日日忙乱、四处救火，最终沦为业绩指标的长工。

M2：团队中的榜样

忙完"M1"之后，能够集中精力高质量地处理"M2"，从而提前规避未来的威胁，使整个工作处于良性循环的状态中，日日提升、天天进步，最终成为团队中的榜样，实现了可持续的发展。

M3：常费力不讨好

工会组织跳舞，他积极参加；同事小张搬家，他忙着张罗；电话推销股票，他跟人聊个没完；储运部人手不足，他主动请缨去库房搬货……几个月下来，周边部门和同事都对其大加赞扬。但销售部经理却连连摇头，原来这位老兄业绩很差、投诉很多、回款很少、费用又高……最终领导决定调其去工会任职！

M4：工作不保，救济为生

经常迟到、一贯早退，客户能躲就躲、工作能拖就拖，除了本职工作之外，打魔兽、玩偷菜、侃八卦、谈恋爱，样样精通，此君人缘尚可但表现很糟，且业绩极差，最终被领导"咔嚓"。换份工作他还是照旧，最终一事无成。

"M1、M2、M3、M4"，不同的次序，不同的结果，甚至是不同的命运，上帝的公平就在于给每个人的一天都是24小时，但如何安排、如何取舍、如何行动，成就了不同的结果，甚至是不同的人生！

抵制干扰

本来计划好要做一个大客户的方案，但突然同事提出下班后一起去逛街；原想今天下午好好规划一下出差的路线和任务，可电脑上"开心网"的图标一闪，自己就忍不住点了进去；同事聚会，其中一个嗜酒如命，结果两人较起劲来，最后都酩酊大醉，当晚的学习计划全部泡汤……

以上种种，均属于干扰性强烈的"M3"，作为一个销售人员一定要充分警觉并全力抵制，才能保证"M1"和"M2"的执行质量，尤其是"M2"，一个经常被各种干扰事件纠缠且不能自拔的销售人员，是根本无暇顾及重要但不紧急的"M2"的，因此其最好的结果也就是个"业绩指标的长工"！

保持平衡

这里我们说一说"M4",即不重要也不紧迫的事件。虽然从事件价值理论来看,它被排在了第四项,但其对销售人员的吸引力却是第一,甚至有一种说法,"人生的最终目的,就是整天可以无所事事"。

当然以上说法有些偏颇,但不难看出,适当的"M4",是可以调节销售人员的紧张情绪和精神压力的,因此把握平衡的概念是其中的要领,四类事件都要兼顾。虽然总体来讲,在"M1"和"M2"上花的精力要占多数,但并非其他事件就踪迹全无!因为"M3"的一些事件牵扯到人际关系,过分的回避会导致一个销售人员的人际氛围变坏;另外,当销售人员近期压力很大、业务繁忙、深感身心疲惫的时候,适当的"M4"能够调节其工作状态,使其发挥出更大的工作潜力,由此可以看出,"M1、M2、M3、M4"有时候是可以互相转化的。

摒弃坏习惯

每个人一天的时间都是 24 小时,关键看你如何规划和利用。但有些销售人员,时间久了就养成了一些不好的行为和思维习惯,这些习惯在潜移默化当中,消耗掉了销售人员大量的时间和精力,成了专偷时间的"时间大盗"!

过度承诺 此行为是前文所说的"自以为万能"的心理的外在表现,明明是自己没有任何把握的事情,却要满口答应,最后自己为了实现承诺,不得不额外花费大量的时间和精力,严重干扰了自己在重要事件上的精力和时间投入!

销售人员习惯于满足客户的任何需求,但这种习惯一旦过度延伸,就会陷入过度承诺的陷阱,使自己难以自拔。

遥控器依赖症 本来不到 10 点钟就躺在了床上,但习惯性地拿起了电视遥控器,这一下可不得了,从新闻到专题、从电影到综艺,看个没完,其实仔细想来,自己什么节目也没认真看,就是放不下遥控器。

此种情况就是典型的"遥控器依赖症",其实如果非常喜欢某个节目,偶尔看到十一二点也无所谓,但问题就在于某些销售人员拿起遥控器时并没有明确的节目目标,只是一味地变换频道,现在的电视节目又异常丰富,几十个频道每个花上十分八分的,不知不觉就到凌晨了。

尤其是经常出差在外的销售人员,本来旅行就是一件非常辛苦的事情,一天下来本来应当早早休息养精蓄锐,可一拿起遥控器,不到凌晨难以放手,结果觉没有睡好,第二天见客户得强打精神,"M1"、"M2"更是抛在脑后了!

痴迷游戏　魔兽、剑侠、僵尸、偷菜等热门游戏,占用了销售人员大量的时间和精力,如果不加以节制,人的精神就会过度沉迷,最终虚拟空间成了其精神上的全部寄托……

心理学通过对网瘾者的研究发现,痴迷于电子游戏的人,对现实生活大都有一种强烈的回避和恐惧倾向,并且越是什么所谓的"盟主"、"战神"、"带头大哥"等游戏圈子中的红人,厌世倾向就越严重。

虽然适度地打游戏可以缓解压力,但销售人员过度痴迷,就会对客户拜访、内部沟通、学习培训等正常的工作产生抵触或恐惧,甚至会把真实和虚幻本末倒置,最终落到无可救药的地步。

随着时间的推移,90后马上就会步入社会成为营销队伍中的主流,因此管理者要特别注意对这部分人群进行引导,因为他们是伴随着电脑长大、整日在网络中生活的一代,其网瘾的深度和广度都是最严重的!

过量饮酒　同学聚会,并没有什么人拼命死劝,这位老兄却自己把自己灌醉了;很平常的晚饭,自己就点儿小菜,自斟自饮,不知不觉间,二锅头喝了一斤;公司内部聚餐,大家本应轻松愉快,但无端挑起了内战，猜拳行令，你一杯我一杯，最终大醉而归……

大醉之后，至少两天缓不过劲儿来，工作效率大打折扣，不仅耽误工作，而且长此以往必然伤害身体，一旦身体垮掉，一大堆的"M1"就会接踵而至！

忽视零散时间 等车的时间、路上交通的时间、等待客户的时间……

这些时间累加在一起，其实是一个非常惊人的数字。但这些时间，大多都被销售人员不经意地浪费掉了。他们有的属于"拇指一族"，零散时间都被他们耗费在手机短信上；有的属于"耳麦派"，一天到晚常戴耳机，所有零散时间都花在听音乐上；有的则属于"逍遥派"，他也不知道这些零散时间该用来干什么，等车时他看大街上的人吵架，路途上他忙着看路边的美女广告，回到公司没什么事儿，他就望着电脑的屏幕保护发愣……但其实这些时间，完全可以用来思考如何与客户展开话题，看看这一周还有哪些大事没有办好，想一想下一步的市场重点到底应当放在哪里，考虑一下如何说服老板争取更多的资源等。

浪费零散时间，此种现象在成熟期销售人员身上更容易发生，因为他们已经具备了一定的经验和阅历，与客户的关系也已经比较熟悉，这样他们就有了比新员工更多的时间和精力。但如果这些时间得不到有效利用的话，那么恐怕过不了多久，就要被新同事后来居上了！

抓小放大 以庞淼为例，明明知道今天上午最重要的任务是写"元宵节客户答谢会进程"，但发现自己的桌面比较乱，于是开始收拾桌子；收拾到一半又发现一本书是同事孙庆的，于是又开始联系孙庆；等还完书，又觉得还是先给木器厂打个电话吧，于是又跟木器厂魏主任聊了半个小时；聊完之后又想，还是先填市场部要求的"客户基本情况表"吧，于是打开电脑又开始填表格；等表格填完，一看快11点了，这下急了，慌慌张张地赶紧写答谢会进程，结果写出来的东西漏洞百出，最后被领导一通臭批，没办法，下午从头再来……

总是先做一些小事，一看时间来不及了，再敷衍最关键的大事，这种做法就是典型的"抓小放大"。此种做法源自对某类事件的恐惧，比如有的销售人员害怕写总结，有的发憷见客户方的高层，有的则畏惧电话预约客户……

大事件往往需要更多的时间和精力，但如果一个销售人员总是"抓小放大"，其关键的"M1"和"M2"总是处在被敷衍的状态，那么总体的工作质量和效率也就可想而知了！

办事拖拉 还有些销售人员的毛病是办事拖拉，明明知道此时给客户打电话最好，却莫名其妙地对自己说"等会儿再打吧"；明明知道今天做好访前准备对明天的拜访至关重要，却懒懒地想，"嗨，算了，明天去拜访客户的路上想也一样"；明明知道老板安排的事儿必须得抓紧，却突发奇想，"说不定老板会把这事儿忘了，我先做别的事儿吧"……

拖拖拉拉是一种非常不好的工作习惯，会使许多小事儿变成大事儿、缓事儿变成急事儿、简单的事儿变成复杂的事儿，最终会付出几倍的时间和精力，还不见得能达成之前的效果！

坏的习惯与意识，都不是一天养成的；要改变它，也不是一朝一夕的事情，需要从日常生活与工作中的点滴入手。这其中最好的办法，就是借助一些时间管理的工具表单，认真填写并不折不扣地执行，肯定会有所改变……

三、销售人员自我管理的常用表单

> 借助适当的工具是自我管理的最好办法。销售人员在日常管理中,使用表单是个不错的方法。

表单的作用在于随时提醒并督促自己严格执行。成熟期的销售人员,要想管理好自己的工作与时间,赶走自己身上的"时间大盗",最常用的表单有如下三个:

协调计划表

此表格用于处理比较复杂的销售项目,这类项目通常需要各部门密切配合,并且对配合的时间、内容、协调性等要求较高。成熟期销售人员,因为大多会负责大客户和大项目,故而使用此表的概率更高。

协调计划表

姓名:_____ 时间:_____

项目目标:_____

关键挑战:_____

事件内容	部门/负责人	开始	结束	达成结果	所需资源	追踪人	追踪时间
1.							
2.							
3.							
4.							
……							

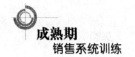

◎ 项目目标

"项目目标"一项要求按照设定目标的四个原则填写,例如对于案例中的庞淼来说,可以这样填:我要在 2010 年 2 月 28 日,圆满完成"元宵节客户答谢会"的组织任务,客户要达 100 人以上,并使现场满意度达到 80% 以上,以活动开场人数及会后的满意度调查表的统计结果为准。

◎ 关键挑战

"关键挑战"指的是要想使该项目目标有效实现,其中最关键且最具挑战性的因素,比如,"元宵节活动"中,关键挑战一般是:活动计划、邀约对象、邀约效果、物品整备、主持人培训、销售人员现场服务等。

◎ 事件内容

"事件内容"是指将目标分解后的各个行动步骤,如庞淼负责出具整体计划,孙庆、赵黎、窦海等负责邀约各自的客户,市场部负责现场的展品布置,内勤负责休闲食品、饮料、活动道具,公关部负责主持人选拔等。

◎ 部门/负责人

"部门/负责人"一栏要求标注相关事件所对应的部门及相关责任人。

◎ 开始/结束

"开始/结束"指的是项目开始/结束的时间,要求至少精确到天,不允许出现诸如"下周前"、"月底"、"本月中旬"等字样,而应当用"本月19日"、"本月27日"、"本周五"等精确日期来表达。

◎ 达成结果

在前面的案例中,庞淼负责写活动计划,其达成结果应该是"毛经理签字认可";孙庆负责邀约政府客户,其结果应当是"承诺到场人数超过15名,且均为科级以上领导"等,诸如上述语句为"达成结果"一栏的标准表述。

◎ 所需资源

"所需资源"指的是该工作事件如果想达到预期结果所需要的其他部门或领导的额外支持和帮助,如人、财、物、信息等。

◎ 追踪人

追踪人的作用是督促该事件的负责人,及时并有效地完成对应的工作事件,因此追踪人一定不是该事件的负责人,一般是该负责人的直接领导甚至是越级的领导,以方便该事件负责人直接获取支持。并且,如果该事件没有按期完成或没有达到预定结果,追踪人也要承担相应的领导责任。

◎ 追踪时间

追踪时间一定要在完成时间之前,并且尽量留有一定的余量,以备万一出现问题能够及时补救。

行事月历

对于明天或后天要办的重要事件,一般人会记忆深刻,但对于三周

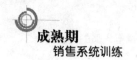

后的一个重要事件,诸如"下月 17 号是水泥厂曹经理小孩儿满月的日子"这样与现在时间间隔较长同时又非常重要的事件,恐怕仅凭脑子记就不够用了,此时最好的工具就是"行事月历"!

销售人员最好根据下表,提前打印出全年 12 个月的月历,然后把相关的重要事件标注在表格的相应日期中,随时添加随时更改,使一年的关键事件都能一目了然地摆在眼前。

2010 年 7 月行事月历

常规事件   特别事件
1. _____   1. _____
2. _____   2. _____
3. _____   3. _____
……   ……

本周大事	周一	周二	周三	周四	周五	周六	周日
				1	2	3	4
	5	6	7	8	9	10	11
	12	13	14	15	16	17	18
	19	20	21	22	23	24	25
	26	27	28	29	30	31	

◎ **常规事件**

有些事件,如周例会、定期汇报、常规走访等,并不需要写入相应的日期格中,因为日期格的大小有限,如果常规事件写得过多,反而会产生混淆,不利于填表人对重要事件的关注。

◎ **特别事件**

"特别事件"是指在该月一定要做,但又无法确定到底是哪一天做较为适合的重要事件，比如现在是 5 月，按年度计划 7 月一定要有开发新市场的动作，但因为距离现在尚有两个月的时间，所以无法确定 7 月的哪一天去开拓新市场比较适合，因此就可以将"新市场开拓"写入"特别事件"，这样在临近 7 月时，就能够提前预留好时间，优先安排这些"特别事件"！

◎ 本周大事

"本周大事"一栏是用来记录对应周的关键事件的，以提醒销售人员抓住本周工作的重点，避免遗忘或精力投入不足。我们建议销售人员在此栏目填写的事件不要超过三条，因为一周的时间本就不长，还有常规事件和临时加入的事件，所以"贪多"的结果只能是"嚼不烂"！

◎ 日期栏

日期栏用以记录对应日期的关键事件，如重要培训、关键客户的私人纪念日、领导交办的事件、市场活动、重要访谈等。日期栏所填的事件，以"M2"居多，因此需要提前做好准备，才能达成高品质的效果。

实际上 PROJECT、OUTLOOK、CRM、OA 及许多手机都有类似的表格样式，销售人员都可以使用。但大多数人遇到事情，第一反应是用笔记在一张纸上，而不是打开电脑或是手机，所以纸质的表格工具的适用性还是最广的！

待办事项清单

"协调计划表"用于跨部门的合作，"行事月历"用于规划未来要事，但日子是一天一天地过、工作是一件一件地做，所以安排好每一天的工作才是最重要和最基础的。要把每一天的工作和时间计划好、安排好、执行好，就一定会用到"待办事项清单"。

待办事项清单

日期：

待办事项	类别	起止时间	序号	结果
_____	_____	_____	_____	_____
_____	_____	_____	_____	_____
_____	_____	_____	_____	_____
_____	_____	_____	_____	_____

◎ 待办事项

"待办事项清单"，顾名思义，就是记录要办的事项，把要办的事项无论轻重缓急都记录下来，以防止遗漏，这是填写该表格的第一步。另外，千万别忘了看一眼"行事月历"，月历上计划好的事情也要填进"待办事项"！

在填写此栏目时，注意先不必考虑事件的价值，也不必考虑行动的先后次序，只要想到要做的事情就直接填写，也先不必考虑是否有时间有资源。

◎ 类别

此栏目就要费些脑筋了，因为这时需要我们对该事件的轻重缓急做出判断，也就是"M1、M2、M3、M4"的归类了。通常来讲，此步骤比填写"待办事项"更费时间和精力，并且也是个人价值观的具体体现。但无论如何，只要仔细思考并认真填写了此栏目，肯定会对这一天的重要事件了然于胸。

◎ 起止时间

这也是一个非常费脑筋的栏目。因为前期在写待办事项时,并不需要考虑做事的先后次序,但到了此步骤,就必须仔细斟酌了。

首先在填写起止时间时,至少要精确到半小时,不能描述得太笼统;其次,优先满足"M1"和"M2",销售人员一天要做的事情可能非常多,同一时间可能有多个事件等待安排,这时一定要优先满足高价值事件;另外,注意一定要留出空闲时间,如果在填写时发现一天的时间完全被覆盖了,那么最好的做法就是去掉一些不重要的如"M3"或"M4"类事件,因为对于销售人员来讲,一天下来,总会有你预料不到的重要且紧急的"M1"事件发生。

◎ 序号

序号,即根据时间安排的前后顺序,给对应的事件编号。

如"与主管经理谈话,M1,8点50分到9点30分",因为是开完早班会后的第一个时间段,就可以在序号的位置上填"1";而接下来的"分析东风农机公司的需求特点,M2,15点到16点",因为计划是在下午才着手,排序的结果或许就是"6"了。

◎ 结果

"结果"一栏,一般是一天工作结束时才填的,只有三个符号:"√"表示该事件已经圆满完成;"○"表示该事件今天实在是没机会做了,将会后延,如果延至明天,那么在明天的待办单上应当马上填写,但如果延误的时间较长,恐怕就得在"行事月历"上体现了;第三种是"×",即该事件因环境或条件变化,已经没有必要做了。

以上谈到的三张表格,是成熟期销售人员自我管理时最常用的工具,但工具再好也一定要坚持使用才能达成效果。最常见的情形是，销售人员在初期使用时会觉得很麻烦，但只要坚持21天，就肯定会有效果，这种效果可能是发现一天能办的事情在增多，也可能是发现自己的工作越来越顺畅，还有可能是领导和同事对自己的抱怨在减少，或是自己陪家人或休闲的时间不知不觉地多了起来……

本章总结

　　成熟期销售人员，因为客户数量和工作界面的扩大，所以经常被各类烦琐的工作包围，如果缺乏有效的时间管理方法，就会陷入一团乱麻。本章在剖析了销售人员常见的工作管理问题之后，重点介绍了工作目标的四个基本要素、目标分解的基本步骤、事件的轻重缓急原则、业务工作中常见的时间大盗等与销售人员工作管理密切相关的核心内容，最后本章还推荐了三张非常重要的工具表单，以便于销售人员将自己的自我工作管理落到实处。

本章练习

　　有句老话，叫做"一年之计在于春，一日之计在于晨"，从销售人员的日常工作来看，你觉得这句话对吗？为什么？（见参考答案）

第四章
气愤抱怨情绪的形成与扭转

本系列的第三册中谈到了知识学习与技能训练,但就一名销售人员的整体素质而言,观念态度的塑造恐怕更加重要!

一、观念态度的形成机制

本系列的第一册中曾谈到，业务队伍的整体素质一般由知识、技能和观念态度共同构成，这其中最重要的就是观念态度，因为态度决定了销售人员学习知识和掌握技能的原动力的大小。那么，人的观念态度到底是什么？某种观念态度又是如何形成的？一旦一个人形成了某种负面的观念态度，又应当如何调整呢？

什么是观念态度

观念态度，简称为"态度"，是心理学和教育学都非常重视的研究内容，对于"态度到底是什么"这个问题，学术界有多种看法，其中最有代表性的是瑞士著名心理学家荣格（Carl G. Jung）对于态度的定义。

>> ································ **态度的定义**

荣格认为，态度是人们外在行为的内在心理反应，是对人、对己、对事的一种心理上的较为稳定的准备状态。态度主要表现在三个方面：一是评价，二是好恶，三是趋避。

评价，即个体对某外部事物的看法，认为其正确还是错误、有效还是无效、关键还是次要；好恶，即个体对某人或某事的第一反应，是喜欢还是厌恶、是接纳还是拒绝、是欣喜还是烦恼；趋避，则与该个体的外显行为最为接近，即个体对某人或某事物是主动靠近还是有意回避、是积极参与还是设法逃避、是主动接受还是寻找各种理由拒绝。

荣格通过研究还发现，态度的这三个重要表现，并非完全统一，即并不是评价高的就一定喜欢并积极付诸行动，评价差的就一定讨厌并逃

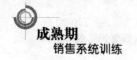

避,在一些情况下,个体对于评价低的、自己也不喜欢的事物,反而显得挺热心,或是控制不住自己的肢体在非常纠结的心态下参与,而这三个方面的统一性如何,正好反映了个体的心理健康程度!

∧ ∧ ∧

无论是日常生活、学习,还是工作,态度对一个人的影响远远超过了知识和技能,其原因就在于,态度影响了个体几乎所有的内在心理与外在行为。

◎ **态度与行为**

态度中的"趋避",直接影响到行为。

公司组织培训,有的销售人员积极参与,全心投入;而有的则吊儿郎当,甚至签个到之后就溜之大吉。这些表现的背后,其实是学习态度的巨大差别!

◎ **态度与习惯**

有些人吃饭有个习惯,就是喜欢泡饭,即把菜里的汤水泡到自己的米饭里。其实有这些习惯的人,也知道这样做对胃的消化很不利,但他对此已经习以为常,到了成年之后,很难改变,其背后的态度基础就是:"嗨,没啥!对胃虽然不好,但没那么严重,汤泡饭吃得香,这对我更重要!"所以他就一边要求自己的孩子吃饭时不要泡汤,一边自己却大吃汤泡饭!

◎ **态度与价值观**

所谓价值观,就是个体所认知的"重要"与"不重要"。态度与价值观,存在着高度的统一。

一个杀人越货的强盗,被公安机关抓捕后,当被问到为什么因区区几十块钱就置对方生命于不顾时,这个强盗的回答是:"这家伙连几十块钱都不愿拿出来,可见是成心跟我对着干,还敢大喊救命,这样的人难道还不该死吗?"

因此强盗的价值观就是:"钱对我来讲是最重要的,什么生命、亲情、伦理道德都不值一提!"然而这种价值观的背后,其实是态度中的"评价和好恶"体系共同在起作用,不仅评价的结果为"钱比对方的生命更重要",而且当看到"跟我作对的人,没有好下场"时,自己内心会产生巨大的快感!

◎ 态度与性格

有的人懦弱、有的人强硬、有的人善于坚持、有的人经常放弃、有的人遇事冷静、有的人盲目冲动……这些个体在性格上表现出来的差异,其实背后依然是观念态度在起决定性的作用。

懦弱的人认为:"遇事退缩着点儿,没啥,哲学家不是说过'舌头比牙齿还要坚固'的道理吗?"而强硬者的评价体系是:"宁可站着死,不能跪着生,凡事不争馒头也得争口气!"时常放弃的人,脑子想的是:"嗨,这事儿干不成,没啥,说不定别的事情更有价值!"而锲而不舍的人则认为:"不行,这事儿一定要干出个名堂,否则自己都瞧不起自己!"

◎ 态度与命运

有句话说的是:"行为决定习惯,习惯决定性格,而性格决定命运。"其实这句话说的只是外人所看到的表象,而真正决定命运的,从个体内在的角度看,应该是"态度"!因为态度决定了行为,态度促成了习惯,态度形成了个性,最终决定了一个人的命运!

无论是盖茨、巴菲特、韦尔奇这些商界奇才,还是柳传志、马云、李开复等IT精英;无论是恺撒、拿破仑、罗斯福这些睿智的国家元首,还是刘彻、李世民、康熙这些英明的君主,他们之所以取得了举世瞩目的成就，都是因为其对人、对事、对己的正确态度，促使他们在关键时刻做出了正确的选择，从而在历史的长河中留下了绚丽的浪花！

作为销售人员，此类例子就更是不胜枚举。作为入门期的销售人员，大家都在同一条起跑线上，但对待学习的态度决定了他们在基础能力上的差异；随着正式进入市场，面对生存期的挑战，包括业绩的压力、客户的拒绝、同事的排挤，此时态度决定了他们能否继续坚持；待进入小有成就的成长期，仍然是态度决定了他们是选择原地踏步还是持续开拓；最后进入成熟阶段，起决定性因素的仍然是态度，态度决定了他们是选择故步自封还是更上一层楼！

唯一一位带领中国队打入世界杯的神奇教练米卢，说过这样一句至理名言："态度决定一切！"的确，态度决定了训练的状态、临场的表现、最终的比分，从而最终决定了那支队伍当中每个人的未来……

观念态度的形成

既然态度决定一切，那么个体对人、对事、对己的这种习惯性的思维准备状态是怎么形成的呢？是别人教的，还是自己想的？是家庭影响的，还是从书本上学来的？

来看一看下面的一些场景，分析一下这些行为背后的态度，并探究一下这些态度的形成过程吧！

在欧洲，中国人显得很另类

场景一：从伦敦至巴黎的火车上

列车徐徐进站，停稳后，几个青年学生模样的中国人上了车。

第四章
气愤抱怨情绪的形成与扭转

"嘿,谢科,快点!这车可准了,说停一分钟就是一分钟,多一秒都不会停的!"最前面的年轻人带着个滑雪帽,大声招呼着最后面的一位体型偏胖的伙伴。"别吹了!怎么会多一秒都不停,难道启动不算时间?比如刚刚启动的那一刻,你说是算停还是算没停?"说话的是走在中间的一个脚穿长筒靴、打扮入时的女孩儿。"启动当然不能算停车,动和静是对立的,你这人怎么总和我抬杠?"滑雪帽的语气显得有些烦躁。"谁和你抬杠了?我说的是启动的那一刻,我没说启动了之后!"时髦女孩儿反驳着。"行了,行了,别吵了,现在停多长时间已经跟我们没关系了,因为我们已经胜利登上'欧洲之星'啦!"说话的正是谢科那个小胖子。

几个人边说边往车厢里走。当自动车门敞开时,滑雪帽颇感意外,因为刚上车时只能听到他们三个的谈话声,他以为车厢里没几个人,可没想到自动门一开他才看见,原来这节车厢几乎全都坐满了。只见满车厢的乘客有的看书、有的读报、有的看着自己的手机、有的带着耳机,就是没有一个人说话。

"15、16、18,咱们还得往前走,这才2号!"时髦女孩儿在中间催促着。"行了,小声点儿,注意素质!你没瞧见人家都安安静静的!"滑雪帽压低声音说着。"哼,装什么装!平时就数你嗓门最大!"时髦女孩儿仍然不服气。"行了,快找座位坐下吧,我都快撑不住了!"胖子的嗓门也不小。

17号座位是一位中年白人,留着整齐的山羊胡子,原本在低头看书,三个人的说话声明显打扰了他的阅读,但他起身让了一下胖子,倒也没说什么。

车子在缓缓地启动,时髦女孩儿眼望窗外,又发起了感慨:"嘿!我看这'欧洲之星'火车也没啥嘛!跟国内的动车差不

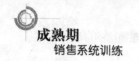

多嘛!""你OUT啦!这'欧洲之星'可是从1987年就开始运营了。哎,1987年,那时候你在干什么?噢,在吃奶!"滑雪帽说着故意模仿着吃奶的口型。"你吃、我让你吃!"时髦女孩儿突然站起,伸出双手狠狠地掐了一下滑雪帽的两肋,滑雪帽被掐得又痛又痒,忍不住大叫着跳了起来。对面的胖子看到这儿,满意地点着头,大声叫好:"强啊!出手如电,有点儿梅超风的感觉!"

此时坐在对面的中年白人,无奈地摇了摇头,他慢慢地合上书,起身朝后车厢走了……

场景二:德国法兰克福机场问讯处

有七八位旅客在排队,负责答疑的服务小姐正在耐心地跟一位小伙子解释着……

突然,几位背着大包、拎着手提袋的中国人急匆匆地从远处跑来,忽地围到前边,其中一位中年妇女操着略显生疏的英文急迫地问道:"请问,去罗马的班机在哪一个登机口?"

服务小姐扭过脸来,眼神略带着几分吃惊,但仍然很有礼貌地回答:"对不起,女士,请排队,我会一个一个地回答每一位的问题!""噢,对不起,您就告诉我去罗马的H699在哪一个登机口就行了!"那位女士还在坚持着。"对不起,女士,这里需要排队才能解答问题,我们只能按次序解答旅客的问题!"服务小姐此时表情严肃,语气变得坚决。"就一句话的事儿,为这一句话我们几个还得排队,那不是更耽误时间了吗?您就帮我查一下吧,我们几个挺着急的!"中年妇女做着最后的努力。"对不起,女士,这里只能按顺序解答问题!"服务小姐说完此话后,不再理会那位中年妇女,回头又用德语继续解答那位年轻人的问题。

几个中国人悻悻地走到了队尾,那位中年妇女不满地用中文唠叨着:"德国人真死板,就一句话的事儿,告诉我不就完了!""就是的,害得我们好几个人还得排半天队,其实就为一句话。这帮德国佬,太缺乏灵活性了,效率低下,早晚得被我们中国超过去!"旁边的一个中年男人随声附和着……

场景三:维也纳皇宫外的 TRUST 旅馆

这是一个小旅馆,很像青年旅社,只有四层楼。此时从楼梯上下来了一对年轻的中国情侣。

男青年走到前台,面带微笑对服务生说:"对不起,先生,我和女友是今天夜里的火车,我们想现在就把房间退掉,把这个箱子和双肩背包寄存在你这里,然后去皇宫和国家大剧院看一看,等回来再取这两件行李,不知行不行?""当然可以,先生,您完全可以这样做!并且我还告诉您一个好消息,今晚国家大剧院上演的是《卡门》,那可是大剧院的保留曲目!"服务生热情地推荐着。男青年一听还有机会现场聆听经典曲目,赶紧转告身旁的女友,那女孩听到这个消息也眉开眼笑起来。

这对情侣随后跟着那位服务生,又走了半截楼梯,来到楼梯拐角的一个房门口,那房门没有锁,服务生将手柄一拧,三个人进了一个较大的房间,只见这个房间的大半部分都已经被各种各样的箱子、包裹、手提袋、双肩背包占满,但排列得挺整齐。服务生和男青年一道,将一个拉杆箱和双肩背包按顺序放到了地上,之后,三个人又回到了前台。

"好了,两位客人,相信你们今晚一定会在国家大剧院有所收获!"服务生边说边很有信心地点了点头。"好的,也感谢你的帮助,晚上回来再见!"男青年随口答应着,之后这对中国情侣手挽着手一起走出了旅馆的大门。

但二人没走出多远,突然女孩一拉男友的袖口,面色焦虑地说道："不对呀，那服务生怎么没给咱们行李条呀？那房间里有那么多行李，到时候要是别人拿错了怎么办？""对呀，我刚才就觉得有些不对劲。不行，咱们得回去管他要，可能是服务生把行李条的事儿给忘了！"说到这儿，两人又急匆匆地回到了旅馆的前台。

当服务生发现两人又跑了回来，有些吃惊，只见男青年三步并做两步地走到柜台前，带着急迫的语气说："对不起，先生，您刚才可能忘记了一件事情，我们的行李条您还没有给我们！""什么东西？行李条？什么是行李条？"服务生似乎对这个名词很陌生。"噢！行李条就是一种凭证，用来证明我们刚才存的那两件行李是我们的！"男青年的语气有些疑惑，他奇怪的是作为一个旅馆的服务生怎么会连行李条都不懂。"那两件行李确实是你们的，这难道还需要证明吗？"服务生回答时的表情也很奇怪。"我们自己当然不需要证明，但是当我们取行李时，你怎么知道我们取的是自己的行李呢？"男青年继续解释着。"我不需要知道这些呀！难道你们自己会拿错自己的行李吗？"服务生说话时双手一摊，似乎觉得男青年的回答不可思议……

第四章
气愤抱怨情绪的形成与扭转

服务生的回答令男青年哭笑不得,他双手捂头,突然不知道该怎么向服务生解释,还是旁边的女友机灵,她拉了拉男青年的衣角,悄悄地说:"你就跟他说,我们自己自然是不会拿错自己行李的,但我们担心别人会拿走我们的行李,因为我们以前丢过行李,所以如果每件行李都有一个凭证,而且每个客人拿走行李时你都检查一下,别人就不会拿走我们的行李,当然我们也就不会拿走别人的行李了!"男青年听了,点点头,把女友的话翻译给了服务生。

但服务生听完男青年的话后,依然耸了耸肩、摇了摇头说:"这位先生,我非常理解您的顾虑。但我们旅店开业已经近百年了,从来都是这样。我做这份工作也已经六年了,从没有用过行李条,也没有出现过旅客拿别人行李的事件,敬请两位放心!"

男青年听完服务生的回答,回头又看了一眼女友,两人都无奈地摇了摇头,之后只好心事重重地走出了旅店大门……

维也纳国家大剧院里,前排的角落处坐着那对中国情侣,身处金碧辉煌的大厅,耳畔是耳熟能详的咏叹调,但二人的表情却带着一丝忧虑,男的经常焦虑地左顾右盼,女的则不时地看看手表……

在柔和的夜色中,那对中国情侣急匆匆走在散场人群的最前面,直奔 TRUST 旅馆。下午的那位服务生已经下班,男青年跟前台打了一下招呼,就快步直奔行李间。出手如电般地拧开门,急迫的眼神快速地在地板上寻找着,直到看见自己的两件行李依然如故地摆在房间的角落时,他才回头如释重负般地看了看同样匆匆跟来的女友,两人脸上这时才露出了舒心的微笑……

场景四：荷兰阿姆斯特丹游船

"大家请往右边看，那就是世界上最早的证券交易所，我们历史上熟知的东印度公司可以说是最早的上市公司，整个阿姆斯特丹被300多条水道包围，大家请看，几乎所有的建筑都是用木头撑起来的……"一艘游船的后甲板上，导游正兴致勃勃地解说着。

这时，几位中国人远离了大部队，他们来到了游船的前甲板，其中的一个拎着棕色的保温杯，正不屑地说着："什么欧洲的航运中心，我看那楼还没有县城招待所高！啥破玩意儿，这儿的导游净忽悠人！""我觉得也是，这花花绿绿的小破房子有啥看头，还不如在宾馆多待会儿，整点儿酒睡个午觉，多舒服！"旁边的一个男人，边说边很自然地掏出了一根烟，顺手递给同伴，自己接着也拿了一根，又顺手从口袋里掏出了打火机，两人边聊边开始喷云吐雾……

顺着风向，烟雾飘到了坐在前甲板后排的一位外国老太太的面前，她被突如其来的烟雾呛得咳嗽了一声。老太太一看是他们在抽烟，想了想，就站起身来直奔后甲板。

那两个中国人依然在侃侃而谈，直到他们发现导游和那位老太太走了过来。"对不起，两位团友，这里不让抽烟！"导游面带微笑地劝阻着。"什么？不让抽烟？这儿哪写着不让抽烟了？"那个拎保温杯的语气明显不高兴。"是这样的，这位团友，荷兰法律规定所有公共场所都不让抽烟，游船也属于公共场所！"导游依然满脸堆笑。"行，行，我们就抽完这根，没两口了，行不？"那个最先掏烟的中国人随口应付着。"实在对不起，两位团友，我建议还是赶紧把烟掐了吧，这位老太太的嗓子不太好，您二位能不能照顾一下？"导游的语气有些哀求，一边偷眼看了一下那位老太太。只见那位老太太明显不知道他们讨论的细节,还带着一丝微笑看着那两个中国人。

两个中国人听到这里,互相看了看,"嗨,真啰嗦! 行,这就掐了! 这总行了吧?"那个拎保温杯的语气很不情愿,他又深吸了一口,然后用右手把嘴上的烟拿了下来。"太谢谢两位了,我代表这位老太太感谢你们!"导游此时如释重负地露出了笑脸,但她的笑脸马上就僵住了,因为她看到这位拿保温杯的中国人,随手把烟头往漆着白漆的甲板栏杆上一捻,那栏杆上立刻就被烧出了一个黑点儿,紧接着用食指一弹,那剩下的半截烟在空中画了一道弧线,直接落进了河里。同时悠然的烟雾从保温杯者的嘴里喷吐而出。

而此时旁边的那位荷兰老太太已经被他这一串动作惊得目瞪口呆!

以上这些中国人的行为,从浅层分析,可以解释为习惯,即他们在国内已经习惯了这么做,但仔细追究我们会发现,这种行为、这种习惯,其实背后都有某种态度做支撑,而这种态度的形成过程,很耐人寻味!

◎ 声音小了不行!

那位"欧洲之星"上的时髦女郎,说话大嗓门,源自其在重庆的家庭环境,家里人说话都是大嗓门,所以从小就养成了大声说话的习惯。

但仔细追究发现,其家庭大声说话是有充分理由的,因为其祖辈、父辈都是在码头上做事的,码头上人声嘈杂,整日人来人往、车水马龙的,如果小声说话,恐怕没人能听见,所以天长日久,工作时大声嚷嚷、回到家吵吵闹闹,便成了常态。相反,如果家里突然来了一位客人,说

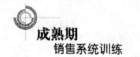

话细声细气的,反而会招致大家的疑惑:"这家伙怎么说话声音这么小,难道是嗓子有毛病,还是心里有鬼?"

◎ **效率比规则重要!**

"我就问一句话,告诉我们不就完了吗,省得我们几个再排队了!这样不是更省时间吗?"那几位在法兰克福机场插队问讯的中国人,其核心的观念态度就是如此!

此种态度的形成,来自于其在国内火车站常年工作的经历。火车站很多的服务窗口,比如售票、问询、提取货物等,也都是需要排队的,但国内火车站的服务窗口,面对插队者,一般都是如下做法:如果你事先准备好了零钱,伸手进去售票员一般不会拒绝,因为你的插队行为,并没有给他带来什么不便。相反,他卖完一个少一个,反而提高了自己的效率。当然,受损失的是正常排队的顾客,于是这种行为又会促成另一种观念态度的产生,即按规则按秩序办事,在许多情况下是要吃亏的!

◎ **没有凭证,我的行李被别人拿走怎么办?**

那对年轻情侣,根本没有心思看《卡门》,就是因为担心其没有任何标记的行李,会被别人拿走!支持这种担忧的理由,在国内真是太多太充分了!

从小学开始,发下新的书本,老师就要求每个学生在书上写上自己的名字,否则,那些弄丢了自己书本的学生,拿了你的书本,老师是不管的!上大学时,每个人的饭盆必须要锁在自己的柜子里,否则被别人拿了,你是要不回来的!公司里每个人要管好自己的密码,否则别人用了你的密码登录,造成的损失就是你的事儿,老板是没时间细查的!当然了,如果国内的宾馆也像维也纳那样管理行李的话,估计每天都要叫好几次警察。

第四章
气愤抱怨情绪的形成与扭转

◎ 扔个烟头,有什么了不起的!

阿姆斯特丹的游船上,是一个农药公司的旅行团,那个拎着棕色保温杯的,是工厂主管排放检验的科长,但他工作的重点,绝对不是如何降低排放、搞好环保,而是跟当地的相关部门打好关系,好打些擦边球。

所以他一天的工作就是:相关部门说抽检不合格,罚 100 万元,他就跟对方求情,能不能罚 50 万;相关部门说某车间必须整改停产 3 个月,他就动用各方面关系,从侧面给相关人员施加压力,看能不能将停产改成每天少开工 4 小时;公司要扩充产能,配套环保不达标,他就想办法搞定关键人物,最终拿到批文,顺利投产……

起初,当看着每天成吨的能把牛仔裤烧穿的污水排入松花江,他也感到痛心,也感到内疚,也感到担忧,但十几年下来,好像也没什么事儿,并且自己收入涨了、老板笑了、员工福利好了,一切也就变得理所当然了!

所以,在国内时,随手扔个烟头、随地吐口痰、找个背阴的地方解手,跟每年几百吨的有毒污水比起来,根本就不算事儿!这种无所谓的想法,带来了相应的行为,行为做得多了,就养成了习惯,这种习惯,自然而然地就带到了阿姆斯特丹的游船上。

> **影响态度形成的因素**

心理学研究发现,人们所有的行为,无论是有意识的还是无意识的,其背后都有观念态度的影响,而这种观念态度的形成过程与以下四个因素的关系最为密切:

切身体验

这是形成某种观念态度最直接也最强有力的因素。维也纳的那对年轻情侣,在国内因为有过丢失行李的切身体验,所以就坚信:"如果没有凭证,我们的行李就很有可能会被别人拿走!"但如果他们有机会在这个旅馆里住上几个月,并且每天都存一次行李,他们的观念态度就会

有所改变,因为他们会有不同于国内的切身体验。

观察思考

时下的一种比较流行的看法是:某种思维观念及相关态度的形成,源自不同的生存环境和文化氛围,即不同的地域环境和团队文化,就会形成不同的思维模式和观念态度。但这种现象的背后,实际上是个体通过观察和思考其生存环境中其他成员的行为,以及这种行为带来的后果,特别是这种后果给自己带来的影响,来认知这个世界,并最后形成某种稳定的思维模式和观念态度的!

那位在阿姆斯特丹游船上乱丢烟头的中年男子,正是因为在国内看到了乱排废水没什么了不起,所以认为:"扔个烟头没啥,那么宽的一条河,一个烟头算得了什么!"但如果他之前到过新加坡,看到过有人因为乱扔烟头而被抓去坐牢的话,恐怕他扔的时候就得掂量掂量了,起码会先看看周围有没有人,然后再扔。

教育引导

小时候大人经常说:寺庙里的贡品是不能吃的,那是给神仙的,凡人吃了会变成哑巴,就再也不能说话了!这句话影响了我很多年,虽然我从未看到过任何人因为吃了贡品而变哑,但我仍然对此坚信不疑,这就是教育的力量。

年龄、心境、个性

十二三岁的男孩子很容易陷入叛逆的思维模式中,即你越不让他做什么他就越想做,你越教育他要好好学习,他就越不学!这就是年龄特点决定了观念态度的形成方向。同样,心情好的时候,能够比较理性地分析自己的遭遇、分析他人的做法、分析旁人对自己的劝阻,但如果自己本来就压抑烦躁,就会对自己的切身体验感觉麻木,也会对周边的事物充耳不闻,此时再多的说服教育恐怕也是起不到任何作用的。

二、销售人员气愤抱怨情绪的调整

> 压力大，脾气也大，原本是人之常情。可是有的老业务员，整天怨天怨地，就是不怨自己。从公司到产品，从领导到同事，无一不怨。长此以往，不但业绩下滑，关系紧张，甚至会自毁前程。

气愤抱怨的外在表现

刺猬般的阚军

阚军可是销售部的老员工了，但近来脾气很大，动辄发火，已经到了无人敢理的程度……

上月末开会，经理要求提前交工作周报，原因是接下来的一周恰逢国庆假期，经理要根据大家的周计划做接下来的两周的安排，可阚军就是不交，理由是："老板给我下的任务最重，我压力最大，没时间填！"

上周销售部和产品部开会，讨论新产品上市计划，阚军却把话题扯到了激励机制上，大放厥词："现在的新员工刚进公司就拿3000多元，这太不公平。我们刚来公司那会儿，基本工资才1200元，并且还得从绩效奖金里扣掉，所以新产品推广应该以新人为主，让他们也尝尝开拓新市场是什么滋味！"

前些天，阚军的一个客户来工厂参观，阚军自己不露面，招呼同事小李替他照应，小李因为经验不足，忘了给客户带上

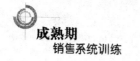

公司的纪念品,阚军得知后大发雷霆,骂得小李直哭……

上周五的中午,阚军拉着财务部差不多和他一起来公司的老员工蒋新一道去食堂,两个人弄了两瓶啤酒,旁若无人地吃吃喝喝。吃饭时,阚军大谈公司对老员工不公平,什么薪资总不涨、待遇没提高、任务最重、升迁没门路……

周一早例会上,阚军看到自己上周的业绩排名又落后了,十分不满。轮到他发言时,他只字未提自己的表现,反而指责公司代理的产品有问题、埋怨自己区域的客户太刁蛮、大谈竞争对手如何厉害,还说是因为公司的政策调整导致出货量减少,总之一句话:"业绩下滑与己无关!"

前天,阚军又跟储运部的小徐师傅吵了一架,原因是他招呼小徐帮他搬货,可他自己不动手,小徐生气不管了,阚军于是指着小徐的鼻子说:"搬货就是你们储运部的事儿!"可小徐回答说:"我是开车的,不是搬运工!"于是两人在客户那里就吵了起来。

昨天,楚经理找阚军谈话,本想和他沟通一下最近大伙儿对他的意见,希望他能有所改变,注意与大家保持团结。可阚军一听就炸了,开始全面指责公司管理和员工为人,什么辅导新员工小李给他添了不小的工作量,王跃所负责的地区的业绩如果没有他前几年的铺垫根本没有今天,把唯一的一台皮卡车配给闵英纯粹就是浪费,自己这些年的辛苦公司根本就没有看到等,弄得楚经理十分无奈。

昨天晚上,有同事看见阚军和去年被公司开除的阿张在一块儿,阿张现在自己开了一个小代理店,专门抢公司的生意。楚经理知道此事后挺重视,于是约了钱副总,想今天上午再找阚军好好聊聊,可现在都快10点了,阚军依然没有露面,打他的手机他也没有开……

第四章
气愤抱怨情绪的形成与扭转

不时地指责他人、总觉得自己受了委屈、总强调公司的问题、经常觉得很不平衡……这些都是"气愤抱怨"心态的典型表现,如不及时调整,轻则工作业绩下滑、同事关系紧张,重则甚至会毁了其在公司的前程,耽误自己的职业发展!

"气愤抱怨"心态的形成原因

"气愤抱怨"这种不良心态,对自己、对团队、对公司都有巨大的伤害,必须及时调整,但有效干预的前提,是要透彻分析此种心态的形成原因,才能做到对症下药!

下面就前文所说的观念态度形成的四个因素,逐一对阚军的心态形成进行分析:

◎ 切身感受

今年是阚军来公司的第五个年头,前四年阚军一直都非常顺,第一年顺利转正,第二年业绩爬坡,第三年被评为标兵,第四年升任资深业务经理,但到今年,公司一个业务上的调整给了阚军不小的打击。

公司前几年的发展思路,一直是从事比较简单的复印设备及相关耗材的分销代理,但从今年开始,公司着手进入综合复印解决方案领域,要求销售人员把注意力集中在大客户上,提倡为大客户提供综合性的办公复印解决方案,而不是靠街边的小代理店代卖产品。

在业务转型的过程中,阚军觉得非常不适应,因为他已经习惯了那种"递名片、讲产品、砍价格、签协议、快出货"的工作思路,而这种思路在与大客户打交道上根本不适用,实际上在年初的时候,阚军还是很努力地适应公司新的市场政策,但到了五六月份,阚军彻底失望,他发现之前他擅长的那种"短、频、快"式的套路营销，是根本搞不定大客户和集成型大代理商的！无奈之下，阚军选择了走回头路，因此从下半年开始，他就没有再把心思放在公司的综合解决方案上，而是又继续搞他的小分销小代理了……

但这样做的结果是，阚军的业绩排名开始下滑了、绩效奖金减少了、同事开始不把他当老大了、领导也不再大会小会地表扬他了……积累了四年达到的事业巅峰，半年就跌到了谷底，这带给阚军内心的刺痛，可想而知！

◎ 观察对比

如果说公司的业务转型是阚军"气愤抱怨"的内因，那么8月份新招的一批销售人员的到岗，则是阚军情绪爆发的导火索！

公司为了增强解决方案的销售力量，特意招聘了一批专门针对大客户和集成型代理商的销售人员。因为招聘的起点、来源和工作性质的不同，公司对这批新进员工采用了与原来销售队伍不同的薪酬考核模式，大幅提高了这批新员工的底薪并配备了更充足的后台设计支撑力量，这对阚军来讲，无疑是一个巨大的刺激。

当他看到新来的这批人个个西装革履、说话洋文连篇，公司其他部门也围着他们跑前跑后，心理上产生了巨大的失落感。他忽然想到："噢！原来公司将重用这些新人了，我们这些打江山的老业务员没用了，看看他们刚来就拿那么高的工资，还有那么好的后台支撑，恐怕将来他们的业务量上来了之后，我们这些老业务员就该走人了……"

因此，当楚经理布置让阚军带一带新来的小李时，阚军就发自内心地不愿意，"这不是明摆着'教会徒弟，饿死师傅吗'，我才不干这傻事呢！"于是阚军表面上应承着，但实际上根本没有认真教过小李，只是成天盯着小李的毛病，总想着找个机会出口恶气！

第四章 气愤抱怨情绪的形成与扭转

◎ **教育引导**

阚军由于没能适应新产品的营销策略，内心产生了一定的失落感，这种感觉的产生也属正常。但作为销售部管理者的楚经理，没有及时发现阚军的异常情绪、没有及时地给予必要的关怀和疏导，导致了阚军的负面情绪越积越多，最终全面爆发。

导致阚军气愤抱怨情绪高涨的另一个原因，就是离职员工阿张的负面影响。阿张一年前因为做私单被公司开除，目前专挖公司的墙脚，他的煽风点火正好迎合了阚军此时极不平衡的心理状态。在他的负面引导下，阚军愈发觉得自己吃亏、愈发觉得公司的营销策略不对、愈发觉得领导对自己不公，最终导致他现在看公司的任何方面都不顺眼，似乎每个人都在跟自己作对，所以他动不动就发火，成了一个十足的火药筒！

◎ **个性特征**

阚军的个性比较争强好胜，正是这种好胜心成就了他前几年在公司的辉煌。

但任何个性特点都有两面性，在自己所擅长的领域，好胜心可以帮助一个销售人员不断地突破进取，取得不错的业绩，但如果在自己不擅长的领域，最终受挫后就非常容易陷入"气愤抱怨"的心理状态，因为在阚军的观念里始终是："我之前做得很好，证明我是有能力的，但现在新业务做得不好，并且我也努力了，失败的原因只有可能是他人，而绝非我自己！"

> **自检思考**
>
> 在你的公司里有爱抱怨的同事吗？他们是否有类似阚军的表现？如果有，那你觉得原因又是什么呢？

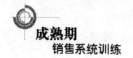

"气愤抱怨"情绪调整时的注意事项

分析负面情绪产生原因的目的,是为了最终做出有效的干预和调整。针对阚军的负面态度和情绪,调整的过程中应当注意以下几点:

◎ 切中核心

钱总如果找阚军谈话,千万不能这样谈:"阚军,我觉得你最近的心态有问题!许多同事都反映你脾气很大,还经常抱怨,并且昨天听说你还跟阿张在一起。我觉得你这种状态很危险,如果你再这样下去的话,那公司可就要对你采取行动了……"如果这样谈,十有八九就会把阚军推向了反面,最终双方不欢而散!

阚军的"气愤抱怨"态度产生的最根本原因,是不适应新的业务模式,推销综合解决方案业务时遇到了困难,因此要从这个最根本的问题入手,才能起到调整其观念态度的目的。所以在谈话时,不要针对近来阚军的表现,而是要把话题引入到其推广综合解决方案业务时遇到的困难,从帮助对方解决业务问题的角度入手才可以!

◎ 更多关爱

此前的领导关注、同事钦佩、舆论焦点,与当前的业绩下滑、态度冷淡、渐被遗忘形成了鲜明的对比,造成了阚军内心深处的落差。

更多的关心而不是指责,更多的辅导而不是处罚,更多的交流而不是冷落,会让阚军再次体会到之前的心理感受,这对他"气愤抱怨"的心理会有非常大的调整作用,因为这样做会让阚军体会到自己没有被遗忘、没有被冷落、没有被放弃,领导和同事对他还有信心,而只要有了信心,相信以阚军的能力,是能把新业务做好的!

第四章
气愤抱怨情绪的形成与扭转

◎ 讲求方法

毋庸置疑，沟通是调整心态的重要手段，同时也是教育引导员工最常用的方法，但要想达成理想效果，一定要注意以下问题：

引入"外来和尚"

俗语说，外来的和尚好念经，这话是有一定道理的！

许多研究都表明，在改变某人观念态度的过程中，外部人员相对于沟通对象经常接触的人员来讲，能够带给沟通对象更大程度的改变。

» ———————————— 为什么"外来的和尚好念经"？

观念态度的改变，一直是心理学和教育学研究的重点，那么为什么"外来的和尚好念经"？针对此问题，有几个非常重要的结论：

能降低认知干扰

相对于家长的教育，为什么很多学生更倾向于听老师的？这其中最重要的原因就是，大多数人在听某人讲话时，是将讲话的人和所讲的话作为一个整体来进行判断的，即孩子在判断家长讲的话是否正确时，一方面是判断话语本身，但更重要的是判断家长这个人。假如在一个家庭里面，因为多方面的原因，已经形成了孩子对家长的误解、轻视、逆反，甚至怨恨，这些情绪就会形成对孩子接受教育的认知干扰，那么在这种情况下，就算家长说得再对，孩子也会充耳不闻，甚至有意跟家长对着干！

能抵抗通道疲劳

作为销售队伍的直接管理者，每天都跟员工在一起，每周甚至每天都在强调这、强调那，时间长了，老业务员就会对经理的讲话产生了一种认知上的疲劳，只要是经理讲话，他就认为还是老一套，就算经理今天谈的内容与以往大相径庭，他脑子里也会想："嗨，没啥，还是那些玩意儿，听得我耳朵都起茧子了！"这种现象，就叫做"通道疲劳"！

能产生认知期待

人对新奇的事物总会有一种期待感,而这种期待感对改变固有的观念态度是非常有帮助的。比如,相对于直接上司来讲,公司高层、销售专家、知名教练等这些"外来和尚",带着诸如"副总经理兼公司创始人"、"营销分析大师并有数百个成功案例"、"有点石成金的教练手段并已经亲手培养了数十名销售冠军"等耀眼的光环,肯定能够带给某销售人员更高的期待,那么在沟通过程中,该销售人员就会更加仔细地聆听"外来和尚"的话语,就会更加深入地思考"外来和尚"给出的建议,自然就会产生比天天见面的"身边和尚"更好的沟通效果!

∧ ∧ ∧

所以,当发现阚军最近"气愤抱怨"情绪愈演愈烈时,楚经理想请钱总跟阚军聊一聊,这种想法和切入点还是非常正确且很有必要的!

倾听在前

虽然已经知道了阚军产生这种工作态度的核心原因,但在与其交谈时,还是要先倾听他对目前自我状况的判断,要先了解阚军此时的内心感受,然后针对他的现实心态,对症下药地发表自己的看法。

与"气愤抱怨"型员工谈话时,对方很有可能又是一大堆的抱怨和不满,这时领导者一定要沉住气,只针对事实发表自己的看法,而不要涉及对对方态度的判断。比如作为领导,你可以说阚军对待新业务员小李的辅导方法有问题,但千万不要说"你这人就是保守、你这人就是不认真带新员工、你这人就是心胸狭隘"等。

巧妙转移

这里指的是要把话题巧妙地转移到造成对方"气愤抱怨"心态的核心原因上。

比如在评价完阚军对近期工作的看法之后,可以顺水推舟地谈起新业务推展的进度,然后结合阚军推展新业务时遇到的问题,再加以展开并进行深入研讨。

第四章
气愤抱怨情绪的形成与扭转

经常鼓励

"气愤抱怨"心态与本系列第三册第六章中所讲的"骄傲自满"心态的本质区别就在于:"气愤抱怨"的心理成因是"自卑",是试图掩饰自己"不自信"心态的一种外在表现,而"骄傲自满"的心理成因是"过度自信",是一种自信心过度膨胀的表现。

因此要想改变老业务员的"气愤抱怨"心理,作为领导,一个重要的沟通原则就是少指责多鼓励,并且这种鼓励要及时、针对和拔高。所谓及时,就是发现对方近来在某项工作或在某个事件上表现出色时,一定要在第一时间给予对方肯定和表扬;所谓针对,指的就是领导的表扬和鼓励一定要针对某个具体的事件或动作,而不是泛泛地说对方很出色、很有潜力、很优秀等,因为仅仅泛泛地鼓励或表扬,并不能直接树立对方的自信,反而会使对方产生疑惑或是觉得你在忽悠他;所谓拔高,指的是要把对方的某个做得出色的典型事件提升到个性的高度,比如老师表扬某个学生期中考试语文成绩出色时,可以再拔高一下,强调一下对方对语文这门学科的热爱和擅长,这样做不仅能使该学生以本次考试的成绩为骄傲,还能强化其对语文课学习的兴趣和自信心。

平等态势

在与"气愤抱怨"者交谈时,不宜采用居高临下的沟通方式,不能用命令、要求等强势的措辞,而应当多用建议、探讨、商量等语气。研究发现,此类具有平等态势的沟通措辞,反而能够更持久和深入地改变对方的观念态度。

催眠者效应

心理学研究发现,要改变他人的观念态度,命令式的语气和措辞,在短期和浅层次上发挥的作用较大,即命令式的语言能够在短期起到震慑和棒喝作用,立竿见影,但随着时间的推移和使用次数的增加,其作用会迅速递减,甚至最后会适得其反。而像催眠者那样,应用轻声的、反复的、带有启发性和探讨性的沟通风格，虽然在初期，对他人的观念态度及相关行为的改变度不大，但随着时间的推移和有规律的应用，能对他人观念态度及相关行为的改变，起到更加深远和持久的作用。此种现象，就被称为"催眠者效应"！

总之，沟通是调整销售人员不良心态的重要手段，但在具体运用时，管理者一定要做好充分的准备，做到既要关注到对方的问题，又要挖掘对方问题的成因，还要充分考虑好沟通的内容、进程、技巧。

◎ 屏蔽负面

"孟母三迁"的故事家喻户晓，孟母用心良苦的三次搬家就是尽量让自己的孩子远离不良的环境、远离负面的影响，营造一个更有利于孩子健康成长的氛围。

那个去年被公司开除的阿张，在阚军的态度问题上，绝对没有起到好作用。必要的时候，公司可以用暗示的方法描述一下阿张以前的所作所为，并明确告知阚军公司当时开除阿张的原因，使阚军能够更加客观和理性地看待阿张的言语和行为，以减少阿张的负面言论对阚军心态的影响。

不良心态的发生一般源于自身，但其恶性的发展，绝对离不开外部的负面信息和不良环境的影响，因此领导者对于团队内部的一些负面信息的制造者，一定不能听之任之，任其肆意扩散，而要及时地通过一对一的沟通给对方以警告，同时还要通过开例会等方式，给团队里所有的人打好预防针。

◎ 落实行动

任何观念态度的转变，一定离不开行动，并且"外显的行动"与"内在的心态"之间，还经常会有互相影响和相互促进的作用。

恐高症的治疗过程，实际就是通过具体的行动，对不良的观念态度进行调整和干预的过程。对于阙军的问题也是一样，其"气愤抱怨"情绪产生的核心原因，就是对自己推广新的解决方案业务没有信心，那么解决的办法，就是帮助其制订相应的计划，并不断地督促和辅导其销售动作，相信只要阙军能够顺利地拿下第一单，自信心就会大幅提高，失落感就会迅速降低，一旦自我的失落感没有了，那么"气氛抱怨"就成了无源之水，逐渐消失殆尽，正所谓"皮之不存，毛将焉附"！

◎ 要有耐心

观念态度的改变，不同于知识或技能，知识也许会被遗忘，但遗忘过后再重温，只要记忆能力没有退化，依然能够记忆犹新；技能也是一样，一个人学会了开车，一段时间没有开车，一上车会显得手脚生疏，但只要肢体能力没问题，适应一段时间后，依然会熟练如初！

但观念态度不一样，它会有一个经常性的反复的过程，并且因为观念态度的改变，往往要伴随着自我否定，对任何人而言，否定自我都是需要勇气的。所以管理者要调整下属的不良心态，千万要有耐心，千万不要奢望一次谈话就能使对方的状态来个180度的大转弯，就算某次沟通效果很好，也只能起到启动其心智模式转型的作用，要想使对方的心态持续改善并彻底扭转，就一定要准备好打一场"持久战"！

>> 观念态度的转变步骤

心理学研究发现，某个观念态度的彻底转变，一般要经历以下几个阶段：

抵触阶段

此时,普通意义上的说服教育,根本无法撼动对方的固有观念,此阶段的典型表现就是情绪抵触、拒绝建议、抗拒改变,行动上我行我素,甚至会愈演愈烈!

怀疑阶段

通过有效的沟通,或是经历了不同的事情,或是观察到了令人惊异的现象,此时当事者开始思考自己以往的观念态度,似乎发现它存在着不小的问题,但对新的观念态度是否正确或有效,还没有把握。此阶段的典型表现就是行动上开始表现出犹豫,虽然依然在为自己辩解,但措辞已经有些含糊。

矛盾阶段

此时当事者内心的纠结最为强烈。因为他已经意识到之前的态度的确是错了,并且已经给自己、给他人、给团队带来了损失,但承认错误,就意味着否定自己,说不定还要承担相应的责任,还要面对同事与领导的责难或嘲笑。此阶段的典型表现是消沉、逃避或有意岔开相关的话题,但在行动上,已经开始改变。

豁朗阶段

此时的当事人,一扫前一阶段思想上的阴霾,开始直面自己的旧观念,并且从内心深处已经明确了旧观念的错误和新思维的正确,并且在行动上也已经完全放弃了旧观念的影响,而彻底开始了新的行为模式。

内化阶段

此时新的观念态度已经完全融入当事者的日常行为中,他已经完全遗忘了曾有过的旧观念。并且除非有人提及,否则他连新观念也不会想起,因为此时新的观念已经进入到其潜意识,已经成为其思维定式中的一部分!

∧ ∧ ∧

第四章
气愤抱怨情绪的形成与扭转

以上的五个阶段可不是一蹴而就的,并且中间经常会有反复、有停滞、有倒退,当然有时也会有跳跃。但无论怎样,相比知识的学习和技能的训练来讲,观念态度的塑造和改变,更需要时间、更需要耐心,当然更需要当事人的勇气、付出甚至是天赋!

本章总结

最令管理者头痛的销售人员,往往不是知识不够或是技能不足,而是观念态度的对立或落伍。本章从态度的定义开始,通过四个典型场景说明了观念态度的形成机制,然后通过对阚军"气愤抱怨"情绪的分析,剖析了在调整员工不良心态的过程中,管理者可以采用的典型办法及操作中需要注意的一些问题。

本章练习

针对阚军的"气愤抱怨"情绪,想象一下,钱总应当怎样跟阚军交流,才能起到调整其心态的目的呢?(见参考答案)

第五章
成熟期销售人员疲怠感的形成与调整

面对许多成熟期的销售人员，管理者头痛的不是他们的业务能力，也不是他们的客户基础，而是他们不思进取的工作状态。而这种懒散表现的背后，实际就是"疲怠感"在作祟！

一、成熟期销售人员疲惫感的外在表现

> 疲惫感，职业发展心理学称之为"职业倦怠"，意为在工作中缺乏激情，明明面对机会也不努力，并且日常工作疲惫懒散，其能力、潜力与工作绩效之间严重失衡。研究发现，三分之一以上的成熟期销售人员均会出现不同程度的"职业倦怠"现象，给公司、给客户、给自己，都造成了难以估量的隐性损失！

什么是疲惫感

在管理销售队伍的过程中，经常有管理者谈到有关员工疲惫感的问题，可见疲惫感对于销售这个行业来讲，是一种非常普遍的负面心理情绪。

何为"疲惫感"

其实"疲惫感"最早来自于生理学和物理学的一个名词"疲劳"，比如一个运动员在进行日常训练的时候，如果训练量达到一定程度，其肢体动作就会出现反应迟钝、动作不到位、速率下降等现象，同时该运动员也会感到来自肢体肌肉的压力，有一种强烈的力不从心之感，这种现象就是生理学上的"疲劳"现象。

而销售人员的"疲惫感"，则是指销售人员在面对日常工作时，激情不足、动作变形、效率降低、绩效下滑，一天下来经常是没干多少事情却感到疲倦、劳累，以至于对任何事情都提不起兴趣的一种内心感受。

阿东的状态

作为公司连续三年的销售标兵,并且是业务团队中最资深的销售人员,阿东最近的表现却令人大跌眼镜。

上周一,开早班会,阿东迟到了足有半个小时,会议都快结束了,他才出现在会议室,并且头不梳、脸不洗,一副很落魄的样子。尤其令人哭笑不得的是,阿东脑后的一绺头发支棱着,像插上了一根稻草。

上周二,有个顾客主动找上门来,询问公司产品对汽车发动机到底有哪些好处,每月的油耗到底能降多少,有没有这方面的对比实验数据。对产品的掌握原本是阿东的长项,所以邹经理特意让阿东接待这个客户,可阿东对客户提出的问题表现得很不耐烦,甚至说:"我们产品的对比实验数据,您手里拿的资料上都印着,其实汽车油精这东西,跟擦脸油差不多,也就是能起点润滑作用,您问的问题我们公司网站上都有答案,您自己上去看一看就知道了!"

上周三的晚班会,本应该由阿东带头跟新来的几个销售人员介绍自己处理客户反对意见的经验,可轮到他时,他却说:"嗨!反对意见没啥,见招拆招呗!我也没什么经验,我看还是你们几个现场问,然后我现场答,反正就那么回事儿,没什么复杂的!"

上周四是跟客户结账的时间,以往阿东都会到客户那里,拿到支票后,一般都会有意把时间拖得晚一些,然后请对方吃个饭再出去逛逛,好进一步加深感情。可那天阿东结完账就直接回了公司,经理问他怎么今天没跟客户聚聚,阿东回答说:"嗨,没啥可聚的!吃吃喝喝、玩玩乐乐,这一套我早就腻了!"

第五章
成熟期销售人员疲惫感的形成与调整

到上周五按惯例应该交周计划了，已经到下午了，整个部门就阿东没有交，内勤小许催他，阿东坐在自己的座位上，连眼皮都没抬，嘴里答应着，手里却一直摆弄着手机，直到5点多快开总结会了，邹经理亲自追问，他才动了起来，可最终交上来的计划，邹经理一看，原来是把上周计划里的内容原封不动地抄了一遍……

上周六，为时半天的业务培训结束后，几个同事打算和往常一样去打台球，之后一起吃个午饭，这本是阿东最热衷的套路，可今天阿东开完会后依然坐那里没动地方，同事们催他，他回答说："算了，今天我不去了，走着过去，太远了，你们吃饭的时候招呼一下我就行了。"可等大家一个多小时后打完球回来招呼他时，却发现阿东一个人趴在桌子上，居然睡着了……

又到了周一，开完早会后邹经理把阿东留了下来，询问阿东最近不在状态的原因，阿东胡乱找了些理由来搪塞。后来邹经理一再追问，最后阿东说实话了："邹经理呀，最近我的确状态不好,其实您不知道,不仅是工作,我最近早上都不想起床!""不起床,你想要干什么?"邹经理疑惑地问。此时阿东停顿了一下,撇了撇嘴,眼看着地板无奈地说:"嗨,经理呀!我最近有一种感觉,自己做业务已经五年多了,我突然发现我的今天和昨天一样,我的今年跟去年也差不多!如果就这样下去的话,未来跟今天也没什么区别!所以我现在觉得每一天都没什么意思……"

统计发现,随着从事销售工作年限的增加,疲怠感发生的概率及严重程度也会显著增加,像阿东这样优秀的销售人员,如果长时间不能从疲怠感的情绪中脱离,就会彻底断送自己的销售前程!

疲怠感的外在表现

与治病相类似,既然"疲怠感"是成熟期销售人员的高发病,那么要想实施治疗,首先得知晓疲怠感这种心理病症的外在表现,然后才能对症下药。

◎ 考勤记录很糟糕

迟到现象逐渐增加,且愈演愈烈,是疲怠感的一种典型的外在表现。但当经理找其谈话询问原因时,对方却经常用"路上堵车、昨晚有事、陪客户喝酒太晚"等搪塞,督促得紧一些,对方会有所收敛,但过不多久,就又会一切照旧。

◎ 常规工作总拖沓

像阿东一样,比如写周计划、做回款统计等,早晚都是自己的事儿,

第五章
成熟期销售人员疲惫感的形成与调整

是明摆着必须要做的，可总是一拖再拖，就是懒得动手，拖到最后被逼无奈，又来个敷衍了事，结果被领导发现不合格，还得从头再来，反而更费时间。

其实以上道理，此君都懂，但经常如此，实在令领导着急！

◎ 擅长事件却搞砸

搞定客户，强项；临门一脚，擅长；产品知识，可以给大家讲课；内部协调，轻松……但这些，都已经成为过去时，近来该君客户抱怨增多、产品介绍稀松、临门一脚脱靶、承诺同事的忘了、领导交办的要事搞砸……

◎ 蓬头垢面不整洁

面色土灰、眼神呆滞、衬衣两个星期不换、头发似乱草一堆、领带歪歪斜斜、西服皱皱巴巴、整日萎靡不振、上班牙都不刷……

◎ 得过且过想回家

"嗨！差不多了！不用那么认真，没必要！"、"这样就行了，够用了，客户不会说什么的！"、"这事儿等等再说吧，明天办一样！"类似的敷衍之语经常出自该君之口，并且与之相伴的是工作品质越来越差。

◎ 若有所思常走神

经常一个人坐在办公桌前，望着窗外发呆，别人一叫一愣神，问他在想什么，其实什么也没想，只是若有所思。参加培训、会议、聚会时也心不在焉，听着听着自己的思想就跑了，经常是一问三不知……

◎ 近在咫尺不努力

客户主动找上门来询问产品，他却爱答不理；明明知道这个客户很有意向，可他就是不跟进；竞争对手明摆着不堪一击，可他就是不出招；客户说"调整一下方案，然后就可以签了"，他却在心里想"改什么改，都改了八百六十遍了，真麻烦，再等两天，说不定不用改，也能签"，可结果却事与愿违。

◎ 莫名其妙业绩差

并不是业务淡季，也不是能力不佳，其他同事业绩稳步上升，他却表现得越来越差，往日的市场霸气荡然无存，现如今只看到其业绩排名步步下滑。

但此君对此好像浑然不知，也并不在意，每日依然来去飘忽，总是一副无精打采的样子，实在令人费解和惋惜！

以上的八种现象如果在某个销售人员身上只有一到两个，说明还处于"疲怠感"的早期症状，尚属轻微；但如果有了四到五个，就应该算是比较严重了；如果某君这八条占全了，则说明已经病入膏肓了！

二、成熟期销售人员疲怠感的形成原因

疲怠感的形成不是一天两天的事情，要想有效调整也不是一天两天的事。尤其是很多销售人员产生疲怠感的原因不一样，所以调整起来就更加困难了。

第五章
成熟期销售人员疲惫感的形成与调整

要想对销售人员的疲惫感实施有效的干预，就必须弄清其产生疲惫感的内在原因，只有弄清了原因，才有可能对症下药！

研究发现，销售人员疲惫感产生的原因是多样和复杂的，并且处在不同成长周期的销售人员产生的疲惫感的程度也可能不同，另外这些疲惫感的成因也会各有不同。

因为成熟期销售人员的疲惫感发生的概率最大且危害程度最高，所以我们就把成熟期销售人员疲惫感的成因分析作为本节的重点。

» 针对销售人员心理健康状况的调查

笔者硕士论文的研究主题，就是针对销售人员的心理压力进行分析，通过现场座谈、电话沟通、问卷初测等收集了造成销售人员心理压力的原因事件，然后运用 SPSS 13.0 软件对搜集的数据分别从频数、相关性、偏态和峰度几个方面进行分析，并根据数据分析得出结论，剔除贡献度不高的数据。之后，选择了来自 12 家公司的 400 余名一线的销售人员进行了更广泛的调查，对所得数据进行探索性分析，最终强迫抽取六个因素，并进行 PROMAX 旋转，然后对影响因素进行定义，最终确定销售人员的心理压力主要来自"团队的领导，同事及部门间配合，对营销工作的认知，营销工作本身，对未来的忧虑和对自身、家人身心状况的担心"这六个方面！

疲惫感，是销售人员心理障碍中的一种，运用上述结论进一步对照分析可以发现，销售人员，尤其是处在成熟期的销售人员的疲惫感产生的原因，与年龄、婚姻状况和是否有子女的因素密切相关，但从总体来讲，主要来自九个方面！

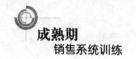

造成成熟期销售人员疲惫感的九个原因

按照本系列第一册中对于销售人员各个典型阶段的定义，我们将在公司里从事销售工作三年及三年以上的人群，定义为成熟期销售人员。这一群体疲惫感产生的原因，出现概率比较高、影响作用比较大的主要有以下几点：

◎ 持续的业绩和市场压力

周周排名、月月考核、季季评比、年年增长，繁重的业绩压力、不断增长的指标，绝非一般岗位能够承受的；随着竞争的加剧，对手的各种常规的、非常规的、规范的、不规范的竞争手段也是层出不穷，稍有不慎就会前功尽弃；随着客户眼界的开阔，其要求也越来越高，甚至近似苛刻：质量要好、价格要低、服务要优、供货要快，个别客户还要求必须满足其个人的特殊需求……

这些压力不是一天两天，而是常年如此，自然就造成了部分成熟期销售人员的心理疲惫。

◎ 工作界面枯燥缺乏新意

几年下来，自己负责的还是那个区域，每天见的还是那几个客户，常去的还是那几个餐馆，谈论的还是那几个话题……渐渐地，客户熟得已经数清了有几根眼睫毛，流程熟得早已经倒背如流，于是早期的激情没有了，签单的兴奋不存在了，取而代之的，就是慵懒和疲惫！

◎ 对领导风格和管理模式的厌倦

"经理每次开例会总是老一套，并且最近的几件事情处理得明显偏袒新人，总是说要我们老业务员多作贡献，可作出贡献之后，我们没得到任何实惠！还有公司的激励手段也总是'销售销售再销售、回款回款再

第五章
成熟期销售人员疲惫感的形成与调整

回款'，都喊了好几年了，听得耳朵都麻木了！"

诸如此类的感受，也同样能使销售人员精神萎靡、激情下降！

◎ 感到前途渺茫，对未来没有期待

"业务工作能做一辈子吗？现在市场竞争这么激烈，万一未来我不能胜任公司的业绩要求，公司会不会把自己'咔嚓'？另外，就算自己能一直干下去，又能怎样呢？还不是到处跑跑颠颠、四处求人！"

随着从业年龄的增加，最近时不时地会想起这些问题，却又没有答案，实在令人感到沮丧，更使人看不清自己的未来，最终迷失方向……

◎ 对身体及精力、体力下降的忧虑

"上楼气喘吁吁、酒量大不如前、半场篮球腰痛三周、晚上9点后就再也打不起精神、体检报告令人咋舌、最近时常丢三落四、刚想好的事儿转身就忘……"

之前欢蹦乱跳，现在未老先衰。之前彻夜不眠，第二天仍然可以神采奕奕，但现在不行了，别说熬夜，稍微睡得晚点，一连几天都会昏昏沉沉……

因为销售工作的特殊性，经常要加班、出差、熬夜、喝酒，居无定所且饮食无规律，说不定还得出入一些非主流的娱乐场所，如果一个销售人员自制力不行，放纵自我，几年下来，就会发现自己的精力、体力和健康状况明显下滑。这时，再不能正确调整心态，就很容易陷入焦虑、紧张、今非昔比、江河日下的悲观情绪当中。

◎ 对家庭的负疚感

经常出差无法照顾孩子；白天工作压力大，无法关怀妻子；日常工作太忙，已经很久没有看望父母，甚至一连几周，连个电话都没有……

突然有一次，出差回来，女儿谈起同学和爸爸一块儿参加家长会，

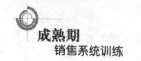

言语中抱怨自己陪伴她的时间太少；又发现妻子不仅自己要上班，还一人担起了家庭的重任；去看父母，发现母亲的腰弯得厉害，父亲的咳嗽也比上次来时严重了许多，自己好想亲自陪父母去看医生，但实在是抽不出时间……

霎时间，对家庭的负疚感油然而生，而这一切，都源于自己所从事的销售工作，要出差、要应酬、要算计、要全身心地投入……由此突然产生了一种对销售工作的厌倦，厌倦了出方案、报价格、谈条件，甚至签订单，每天只希望能早点回家，这样能多带带孩子，分享孩子成长的快乐；也能多陪陪妻子，感激她为家庭的付出；更希望能够多看看父母，因为隐隐感到相聚的日子越来越少……

◎ **与自己的个性及道德观念相悖**

"吃喝玩乐，还有一些边缘化的娱乐活动，其实自己很不喜欢，但为了业务还得天天参与；某些客户，一没水平、二没信誉、三长得又难看，但他是上帝，自己只好耐着性子伺候；有些产品，其实自己心里很清楚，客户并不需要，但为了完成任务，只好违心地向客户推荐，客户看在往日的交情上，最终购买了，但根本就没怎么使用，此事虽然客户从没说过什么，但自己的心里总是有些内疚；每天没有片刻的宁静，电话接打、短信回复、报表要交、订单处理、发货跟踪、回款催收，一天忙到晚，像打仗一样紧张，虽然挣的钱多，但自己其实并不喜欢这种生活……

现实的销售工作与自己的个性或价值观的抵触，也同样会使人陷入困惑和迷茫，从而怀疑自己的选择，叩问自己是否需要换一份新的工作！

◎ **和同辈人相比，感觉自己投入产出不成正比**

本来自己的感觉还算不错，销售精英、业绩老大、领导宠儿、机场常客……但自从参加了一次同学聚会，突然相形见绌。发现同班毕业的，有的成了大款、有的当了处长、有的欧洲留学……仿佛个个都比自己活得轻松自在。

从此渐渐感到自己的投入产出不成比例,连以往颇有自豪感的举动,由此也觉得稀松平常,脑子经常想着:"坐飞机算什么?人家王海波每次可都是头等舱!搞定客户算什么?胡大强就是市里管基建的,每天想求他的人,都得排队拿号!年收入30万元算什么?魏朝晖那小子,上学的时候,好像考试就没及过格,可看人家现在,在鄂尔多斯包了个煤矿,每天和老婆在窑口数钱到天黑……"再看自己,生活实在是水深火热,现在房价这么高,就算完成业绩了,又能如何?最好的结果,也就是做个房奴罢了!

参照系一变,自己的每一天马上就变成了灰色,渐渐开始厌倦了眼前的常务工作,经常望着窗口发呆,脑子想着:"如果我当初不来这家公司,不做销售,去了海南,哪怕是炒炒楼,说不定现在也会在三亚的海滩正数着点什么……"

◎ 感觉近几年自己没有任何实质性的进步

指标的提高、客户的需求、对手的压力……几年下来,穷于应付,自己早就有一种被掏空的感觉,细想起来,现在用的还是几年前的那几招,但最近发现,前两年还比较好用的那几招现在渐渐不灵了,可当自己看书学习时,却发现书本上讲的跟实际的距离太远;听经理的经验,好像还不如我那几招;观察了解同事的做法,好像也没什么收获,因为他们那几招还是我教的;去外边听课,只能算是有少许启发;去年公司搞内训,讲了一大堆化妆品的例子,跟自己目前的产品相比,根本就是两回事儿……

感觉自己没有进步,而所面对的客户及公司的要求又在不断提高,此时成熟期销售人员就会有一种发自内心的忧虑,而这种忧虑又没有地方排解,于是实际工作中就出现了一种"高不成,低不就"的现象,即更前沿的、更高级的技巧不知如何学起,而自己以前的操作方法又懒得用,于是懒散、糊弄、得过且过反而成了常态。

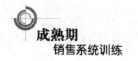

> **自检思考**
> 你感觉自己是否也有对销售工作的疲惫感,如果有,那么对照以上讲的九个原因,你认为主要是哪些因素造成的呢?

不同统计群体产生疲惫感的原因

前文谈到,虽然同属于成熟期,但年龄、婚姻及是否有子女等因素各有不同,因此不同的人口统计群体,其疲惫感产生的原因也各有侧重。下表是调查中搜集的、排名前三位的原因与具有不同属性的群体的对应:

不同统计群体疲惫感的成因

年龄段	婚姻子女	原因排名
25～35岁	未婚	1. 感觉没有实质性的进步; 2. 投入产出不成比例; 3. 与自己的个性或道德观念相悖
	无子女	1. 与自己的个性或道德观念相悖; 2. 对领导和管理模式的厌倦; 3. 感觉没有实质性的进步
	有子女	1. 感到前途渺茫,对未来没有期待; 2. 感觉没有实质性的进步; 3. 工作界面枯燥缺乏新意
36～45岁	未婚	1. 工作界面枯燥缺乏新意; 2. 感觉没有实质性的进步; 3. 对身体及精力、体力下降的忧虑
	无子女	1. 对身体及精力、体力下降的忧虑; 2. 持续的业绩和市场压力; 3. 对领导和管理模式的厌倦
	有子女	1. 对家庭的负疚感; 2. 持续的业绩和市场压力; 3. 对身体状况及精力、体力下降的忧虑

（续表）

年龄段	婚姻子女	原因排名
46岁及以上	未婚	1. 对身体状况及精力、体力下降的忧虑； 2. 对领导和管理模式的厌倦； 3. 工作界面枯燥缺乏新意
	无子女	1. 工作界面枯燥缺乏新意； 2. 对领导和管理模式的厌倦； 3. 投入产出不成比例
	有子女	1. 对领导和管理模式的厌倦； 2. 持续的业绩和市场压力； 3. 对家庭的负疚感

由上表可以看出，由于年龄、婚姻状况及有无子女状况的不同，销售人员疲怠感的成因也会大不相同，管理者可以根据其不同特性，实施更有针对性的心理干预，以重振成熟期销售人员的工作状态，使其焕发第二次职业青春！

三、成熟期销售人员疲怠感的干预和调整

> 对销售人员的疲怠感绝对不能放任自流，一发现就要采取积极的手段加以解决。当然，任何时候，预防都胜于治疗。

成熟期销售人员的市场能力、客户意识、对公司及产品的了解，应当说都已经全面超越了成长期的员工。但许多调查研究却表明，虽然成熟期销售人员的综合能力最强，但其综合绩效却不如处在成长阶段的销售人员，这其中的原因，就是成熟期销售人员的工作激情严重不足，也就是对本职工作产生"疲怠感"！

既然"疲怠感"已经成了造成成熟期销售人员绩效下降的最重要原

因，那么无论公司领导还是团队领导，都必须对成熟期员工的疲惫感有所动作，否则，不仅成熟期销售人员的业绩会快速下滑，公司还会流失掉这些曾被倾心培养并能够继续为公司作出贡献的优秀员工！

"疲惫感"是一种典型的心理障碍，那么从管理的角度看，就可以把对销售人员心态调整的过程，看成是一个治病的过程。

疲惫感的预防

消防胜于救火，防病优于治疗！如果能从管理的角度，提前对成熟期销售人员有可能产生的疲惫感进行有效的预防，使其不发生疲惫感及相关症状，那自然是再好不过了！

◎ 建立分阶段的培训体系

"感觉最近几年自己没有实质性的进步"，是造成成熟期员工疲惫感的重要原因。解决的办法之一，就是给营销队伍设计阶段性的培训体系，让不同阶段的销售人员，接受不同阶段的训练方式和内容，这样不仅能够循序渐进地提升队伍的整体素质，还能让不同阶段的销售人员，享受不同阶段的培训待遇，从而使高级销售人员有一种成就感，而初级销售人员有一种期待感。

但如果公司的做法是，只要有培训大家都参加，只要有讲课大家都去听，不仅培训效果会大打折扣，而且作为成熟期的销售人员，一看总是跟新人一起听些基础知识，不仅学习兴趣会下降，而且时间一久，还会产生一种对学习的倦怠感。此时就算有很好的内容，他都听不进去了，于是总感觉自己没有实质性进步，周边总是没有什么新鲜的可供学习和借鉴的新思路，天长日久，疲惫感自然就产生了。

◎ 制定销售人员的成长生涯规划

这是解决成熟期销售人员疲惫感问题的最重要手段！

第五章
成熟期销售人员疲惫感的形成与调整

一个人从事某项工作时间久了，难免会出现"工作界面枯燥缺乏新意、对领导和管理模式厌倦"等不良的内心感受，此时最好的办法，就是制定员工发展的生涯规划，使员工能够有机会进入到一个与昔日不同的工作界面，在那里，或是对他有更高的工作要求，或是能提供更好的工作条件，或是需要不同的工作手段和技能。总之，用"不同"带给对方新鲜感，用"更高"激发对方的进取心，用"更好"满足对方的成就感！

通过对销售人员的特质性研究发现，当一个销售人员，通过入门期的学习、生存期的洗礼、成长期的奋进，最终步入成熟期之后，其后续的发展可以有四个可供选择的"成长通道"。

资深经理

虽然还是在做业务，但此时已经不拘泥于某个区域，而是专门负责公司的重量级高端客户，并且有更充足的费用、有专门的助理、有自己的专车、有更高的差旅补助、有更充分的自主权力……当然，也会有更高的业绩指标和能力要求！

销售教练

今天出差，不是为了自己的客户，而是为了辅导新来的小王，因为自己是他的师傅，公司赋予自己的责任就是顺利地帮助其度过最为艰苦的生存阶段；接到一个电话，并不是自己的事情，而是上海分公司询问，什么时候能来上海给大家讲一讲"如何才能处理好客户的各种推诿和反对意见"……某君此时的工作重点，已经不是自己的业务或是客户，而是辅导某个业务新兵或是某个团队的全体成员，帮助他们在能力和技巧上快速提高，同时自己的角色也从销售人员变成了销售教练！

产品市场

此时的身份称谓可能会有所变化,可能已经转到了公司的市场部门,也可能头衔改成了产品经理。但不管怎样,其日常工作的内容发生了巨大的变化,从关注某个具体的客户,变成了关注整个市场;从关注某个订单,变成了关注某类产品的整体销售进度;从每日的主动上门拜访,变成了策划一次区域性的市场活动;从与客户吃吃喝喝拉近私人间的关系,变成了探寻客户需求变化和客户对新产品的建设性意见。

团队领导

这是国内企业最为普遍,同时也是最为顺畅的老业务员的"成长通道",从一个销售人员变成了销售部门的经理,从搞定具体的客户和业务变成了驾驭整个区域的市场,从之前想方设法钻猫空子的老鼠变成了睁大双眼专拿耗子的老猫!

销售人员成长生涯设计需要注意的四个问题

与对方的意愿相结合

当销售人员进入成熟期后,在设计后续的职业发展道路时,一定要征求该销售人员的个人意愿,而不仅仅是根据公司的岗位需求,也就是不能根据公司的岗位空缺情况,或是领导的个人判断,来强行确定销售人员的职业发展方向,在确定职业发展问题上,应当以销售人员的意见为主体。

要进行相应的培训

绝对不是想当团队领导,明天就任命;想当产品经理,下周就调动;想做销售教练,马上就给他分徒弟……无论对方选择的是哪一条道路,都与原来的业务工作有着不小的差别,对知识、技能和观念态度都

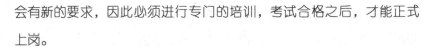

会有新的要求，因此必须进行专门的培训，考试合格之后，才能正式上岗。

相应的考核机制要跟上

新的岗位、新的要求，自然要有新的考核和激励机制，在上述四条发展道路上，对于团队领导这个职位，一般公司都会有相应的考核激励措施，但市场经理、销售教练和资深经理这三个岗位，就需要专门制定相应的激励政策了。否则，过了一段时间后，该销售人员就会发现，工作性质变了，工作项目多了，承担责任大了，工作强度增加了，结果自己的收入不仅没有上升反而下降了！如果使该销售人员产生这样的感受，是不可能起到长期激励的作用的。

要逐步过渡

像销售教练、资深经理这两个岗位与原来的业务工作本身就有重叠，即便是团队领导和市场产品经理这样的岗位，也应当让销售人员逐步过渡到新岗位。在过渡的过程中，公司不要图快，不要搞一刀切，要让销售人员循序渐进地改变自己的角色，这样才能收到更好的效果，并且，如果发现该销售人员的确不适合新的工作性质，调整起来也有回旋的余地。

∧ ∧ ∧

◎ 综合的、长期的、弹性的、渐进的考核体系

许多激励实验都已证明，短期的、单一的、明确的考核体系，能够极大地刺激考核对象短期工作效率的提高。但如果总是采取这样的考核体系，会使当事者厌烦，最终导致"对领导风格和公司管理模式"的厌倦感。

在解决此类问题时，第一，公司要对销售队伍制定综合的考核体系，即不仅涵盖财务类指标，还要包括客户满意、市场动作、个人提升等多方面的指标；第二，对于成熟期的销售人员，周周业绩上榜、月月绩效

排名的做法,也是非常不可取的,因为他们在这种模式下已经工作了好几年,这种短期的高压式管理模式,应该被更长期的考核方式所取代;第三,"弹性"的意思是,对于成熟期的销售人员,当其某个阶段或某项指标完成得不到位时,不要马上刨根问底地深入追究,因为此时的销售人员很清楚自己的问题出在哪里,深入地追究会适得其反,相反,充满弹性的监控机制可以留给对方更多的时间进行反思和总结,反而更能激发对方对营销工作的热爱和激情;第四,"渐进"的意思是,不要一下子把销售人员的收入和待遇提得很高很快,因为过快的收入增长,会刺激销售人员在收入上有更高的要求,如果再受到外界的某些刺激,比如正赶上同学聚会,销售人员的心态反而会不平衡,所以要将考核体系设计为,随着销售人员从业年限的增加,其底薪、提成、福利待遇逐步提高,要尽量拉长这一提高的时间进程,这样销售人员在公司干得时间越长,就越有满足感,就越不愿意离开销售这个岗位!

◎ 推行员工帮助计划

EAP(Employee Assistance Program),即"员工帮助计划",此计划与销售队伍的阶段性培训计划不同。员工帮助计划,重在员工的心理辅导,具体工作包括员工心理压力状态测量、压力源分析、心理压力疏解、应激行为调整、组织行为及情绪校正等。

早在20世纪90年代,世界500强企业当中,就已经有超过80%的企业推行了内部的员工帮助计划,在组织发展、员工心态、工作绩效提高等方面,都起到了非常明显的促进作用。

但就国内企业而言,引入此计划的少之又少,即便引入了,也只是针对企业的中高层领导,带有明显的身份标签和福利性质,而对企业中压力最大的销售部门有针对性地推行此计划的企业,几乎没有!

实施员工帮助计划时，要注意以下问题：首先，针对销售部门的员工帮助计划，应由外部机构实施，而非企业的 HR 或部门领导；其次，最好从生存期就开始，这样一方面可以防微杜渐，另一方面可以保证心理辅导的延续性；第三，要注意员工隐私的保护，以确立信任感，增强辅导的影响力；最后，还要与其职业发展、家庭环境、组织氛围、关键人、典型任务等相结合，才能起到预防成熟期疲惫感的最佳效果！

市场轮换制度

虽然区域或客户群的调整，会给企业带来一定时期的业绩下滑，但从长远来看，这样做不仅有利于成熟期销售人员的心态调整，而且还能延长其职业生涯的黄金期，从另一个角度看，也能满足客户追求新鲜的心理状态。因为调查显示，不仅成熟期销售人员会对客户产生视觉疲惫感，觉得没有新意，客户对供应商的销售人员，也会产生类似的心理感受！

但在实施市场轮换制度时，也要注意相应的一些问题：

首先，不能随机地搞区域或市场轮换，不能因为发现某个销售人员有疲惫感迹象，就针对他一个人进行区域轮换，将他和其他区域的销售人员对调。因为这样做不仅会给该销售人员造成更大的心理压力，也非常不利于这两个市场的平稳过渡。公司应该做的，是建立相应的制度，使每个销售人员在加盟公司后不久，就知晓其在某个地区工作三年以后肯定会被调换到其他区域的，让销售人员了解这是公司既定的制度或惯例！

其次，实施市场轮换制度时，要提前做准备，至少提前三个月，就应明确通知相应的销售人员，这样在工作交接、客户信息、账款物流等方面，不至于过于匆忙，从而避免给业绩造成不必要的影响。

最后，即便在区域调换后，也要设定一定的过渡期，也就是说，某个销售人员在脱离了原区域后的三个月或半年的时间里，仍然有维护原客户或原区域市场的责任，甚至其考核也可以与原客户在此阶段的订单状况挂钩，以促使该销售人员积极配合，实现区域调换时的无缝衔接。

疲惫感的治疗

虽然对于成熟期销售人员的疲惫感是以预防为主，但由于主客观等各方面原因，大多数的国内企业，在对销售队伍的管理上并没有做到上述几点，或是即便做了，在规范性上也有诸多不足，因而队伍中的许多销售人员甚至整个团队，都已经陷入疲惫懒散的状态。

面对已经出现的症状，总要进行积极的治疗，那么以下几点可供销售队伍的管理者参考：

◎ 探寻性沟通

当发现某个步入成熟期的销售人员近来出现了"懒散松懈、精力涣散、不思进取"等疲惫感的典型状态，管理者万不可不分青红皂白地大加斥责，而应当先心平气和地与对方沟通，了解对方近来情绪低落的确切原因，再进行有针对性的调整。

之所以称为"探寻性"沟通，顾名思义，即不要指责、不要逼迫、不要建议，而要多提问、多了解、多表示关切，谈话的最终目的不是要调整对方的状态，而是要确切了解造成对方目前状态的最根本原因。

◎ 文体比赛

"对自己身体状况和精力、体力下降的担忧"是造成员工疲惫感的重要原因。对此，如果公司规模不大，可以组织全公司范围的文体活动竞赛；如果公司员工人数较多，可以专门组织营销部门的内部比赛。比赛项目可以涉及足球、篮球、乒乓球、羽毛球等活动，也可以是短跑、长跑、自行车、登山等竞赛项目，还可以是围棋、象棋等智力运动，另外卡拉OK、俯卧撑、倒立、慢骑自行车、保龄球、游泳等，也都是不错的选项。活动项目丰富，且每年都有变化，往往能起到更广泛的调动和激励作用。

如果希望通过组织文体比赛，消除团队疲惫感，也要注意如下一些问题：

首先，要认真组织。虽然销售人员经常出差，大家聚在一起的机会不是很多，但既然是比赛就要认真，作为裁判一定要秉公评判，万不可搞"只要参与，定会有奖"，因为此种方式根本不能起到激发大家的争胜心理的作用，也就难以达成通过比赛调整大家的业余生活、激励大家锻炼身体的目的。

其次，奖励要有一定的力度，但不要直接奖励金钱，最好是有一定价值的物品，比如名牌山地车、高级健身卡、高档化妆品、真皮旅行箱、大牌明星演唱会票等。与金钱相比，这些具体的奖励物品更能使获奖者有一种惊喜感。

如果再给优胜者颁发奖状，并且在公司的内部刊物上进行一些宣传，相信大家的参与积极性会更强。

第三，要将竞赛项目至少提前三个月通知到每一个人，并且不断督促他们备战，领导者还应带头报名并积极参加锻炼，以带动整个团队积极投身到文体活动当中。

最后，可以针对某个人的特长，专门设计某项比赛，比如某个老销售人员近来已显疲态，但听说其对台球挺感兴趣，那么下个季度特意来场台球比赛，也未尝不可。如果该销售人员参赛并获胜，相信这场比赛对他的鼓舞作用会相当巨大！

不确定的奖励

令人兴奋的周一

每个月第一周的周一，总是令人兴奋，因为经理会在这一天宣布并奖励一个幸运儿，但他因为什么而获奖，事前无人知晓。

这是3月份的第一个周一，周经理又神采奕奕地站在了大家面前。他微笑着看了看大家，然后不紧不慢地说：“大家好，今天是我们春节后的第一个月总结会，大家肯定看到了我手里的信封，的确，按照惯例我们又要奖励一位团队中的伙伴。这位伙伴的获奖，跟刚刚过去的新春佳节有关。公司规定初八上班，可是这位伙伴初六就来到了办公室。那天我正好来公司参加培训，所以遇到了他。他说早来的目的是想收拾一下东西，顺便理一理今年工作的思路。俗话说'早起的鸟儿有食吃'，我相信这个春天属于我们这位早起的伙伴！于是这个月的奖励，我想就称为'早鸟奖'吧，而获奖的就是我们这位初六就来到办公室收拾东西的张彦！大家掌声鼓励！"随着掌声，张彦面带惊喜地站了起来，其他同事有的兴奋，有的惋惜，有的窃窃私语：“早来两天露个面就能得奖，早知道我大年初一就来公司坐半天。”

时间过得真快，转眼又到4月了，又是一个令人期盼的周一，周经理又面带笑容地站了起来：“各位伙伴，刚刚过去的3月份可以说是精彩纷呈，其中最美丽的乐章，就是我们的'电纸书'产品取得的巨大突破。在我们3月份举行的'电读旋风'活动中，有一位伙伴表现神勇，一举拿下华联的10个门市，为3月份业绩的突破奠定了最坚实的基础，所以这个奖项

第五章
成熟期销售人员疲惫感的形成与调整

我想就叫做'旋风突破奖'，但他的拥有者应该是谁呢？""当然是赵哥！"几个团队成员已经把羡慕的目光投向了后排的一位年龄稍长的销售人员，他就是团队中的老大哥赵槐。

五一节过后，气温明显升高了，这次开会很多人都穿短袖了。周经理谈完了这个月的计划安排后，带着一丝神秘的微笑又站了起来："我听说前两天已经有人在猜测今天信封的归属了，据说还有人为此打了赌，但你们获胜的概率不高，因为这个奖项实在是太特殊了。这个奖项来自于我五一节前刚刚得到的报表，有一位伙伴加盟公司还不到两个月，但他通过不懈的努力在上周就已经达到了公司规定的转正标准，"周经理说到这里，已经有销售人员扭头看着那位新来的小黄，此时小黄的脸上也掠过一丝惊喜，但周经理却摇摇头继续说，"噢，大伙儿别看小黄，本月的奖项名称叫做'最佳教练奖'，让我们颁发给两个月来辛勤指导小黄、帮助小黄、带动小黄的刘锡，刘锡带出的不仅有小黄，还有赵岳、马雯和技术部的田佳雨，让我们掌声感谢刘哥为我们团队作出的贡献！"

6月，周经理颁发的是"最佳回款奖"，奖金属于上月回款最多的销售人员柳蓓；7月，奖项又变成了"最佳管理奖"，奖给了给公司提出合理化建议的叶天；8月，又把奖项颁给了在新产品培训中，考试成绩最好的郁冬，奖项的名称当然也变成了"最佳学习奖"……

虽然制定奖励指标时，都说要"公开，公正，公平"，但许多事实都证明了，带有"模糊和不确定"性质的奖励措施，反而更能引起人们的兴趣。这家公司的周经理，就充分运用了奖励的不确定性，每次奖励什么、奖励多少，甚至怎么奖励，都搞得挺神秘。他的做法其实在初期也引起了不少的非议，但随着时间的推移，大家反而渐渐喜欢上了这种奖励方式，团队中的每个成员最后都明白了，只要认真做好身边的每项工作，就都有机会得奖。并且这种带有不确定性的奖励方式，也成了大家茶余饭后纷纷议论的热门话题，带给大家不少新鲜感，能非常有效地调整"对领导方式和管理模式厌倦"的不良心态。

◎ 家属见面会

精神抖擞的阿阮

阿阮最近一扫前些日子的阴霾，变得充满激情和干劲，究其原因，据说主要是最近老婆对他的态度变化，而老婆态度的变化，又离不开公司上周组织的一次"家属见面会"！

之前的阿阮，一天总是没精打采，虽然他负责的区域还有很大的潜力，但他总是得过且过，还经常在私下里说"干了几年业务了，也没得到什么！同学里就数我混得差！想换个大一点的房子，可靠着目前这点儿收入，连首付都不够"……

直到上周五，公司组织了一次"家属见面会"，由公司出面，组织业务部所有员工及家属，到颐生源度假村玩了两天。大家互相介绍和熟识，之后一块儿吃饭、一块儿聊天、一块儿打球、一块儿做游戏，公司领导还出面讲述了每一位团队成员的优异表现，并且给每个销售人员的家属都赠送了礼物以表达他们对家庭的贡献、对公司的支持。在会议上，公司领导还特意提到了做业务时间最长、目前负责区域最大同时业绩贡献最多的阿阮，赞扬他的业务能力、表彰他的日常贡献、列举他的工作优点……两天过去，大家由陌生到熟悉，有欢笑、有惊喜，欢声笑语，热热闹闹。

第五章
成熟期销售人员疲惫感的形成与调整

从活动结束后的这一周开始，大家开始有了些微妙的变化：梁明的抱怨少了，小李出差的时候痛快了，王欣的老公主动帮着公司介绍了一位搞市场策划的人才，彭哥的老婆张罗着要帮助未成家的小隋介绍对象，赵勇和刘渊的爱人通过聚会发现，原来她们是同一所中学毕业的，前天还约着一块儿逛街呢……

当然，变化最大的就数阿阮了，以前在家里饱受排挤和打击，现在不同了，据说已经有资格点评一下老婆做菜的味道了。并且随着阿阮在家里地位的提高，阿阮的工作状态也有了改变，不仅自己区域的业务规划可以提前完成，还主动帮助新来的小隋……

就在昨天，阿阮第一个来到公司，经理吃惊地问他为什么昨天回去那么晚，今天又来得这么早，阿阮笑着说："嗨！主要是昨晚儿子看我回来得晚，居然给我端了一杯牛奶，说爸爸工作最辛苦，结果我激动得一宿没睡好，早晨起来一看没什么事儿，就直接先来公司了。"

"对家庭的负疚感、缺乏周边环境对自己的心理支持"是造成销售人员疲惫感的重要原因，公司应当创造适当的环境，加强与员工家属的沟通，使家属更加了解销售人员每日工作的状况，了解做业务的艰辛，了解他们为公司作出的贡献，这样才能够加深彼此的理解。而理解是和睦的前提，家庭和睦了，销售人员的负疚感就会大大降低，就会产生更强大的内动力，进而疲惫感也就渐渐消失了。

◎ 定期休假

虽然国家早在20世纪50年代就出台法律要保障劳动者休假的权利，《劳动合同法》在此方面的规定也更加详尽，但众多的国内企业尤其是私营企业，真正能够按照法律规定使员工充分享受休假权利的少之又少。

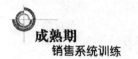

对于销售队伍来讲，员工享受休假方面的情况就更糟。笔者接触了近百家不同行业的销售人员，没有一个销售人员真正享受过踏实的带薪休假。他们当中大多数人都被日常的业务工作困扰，根本无暇顾及休假，虽然有少部分企业能够按规定给销售人员休假的权利，但因为销售工作的特殊性，人在休假，但心思还是在业务上，因为指标没有减少、客户问题还得处理、协调的事情也不能耽搁，一天到晚电话不断，几天休假回来得花几个星期加班加点处理落下的事情，弄到最后，反而觉得还不如不休假。

虽然从表面上看，销售人员休假的确会带来日常工作的拖延、客户的抱怨，甚至是业绩的下滑，但从长远看，就和前晚熬夜第二天工作效率必然下降的道理一样，如果一个销售人员心理上长期处在业绩的高压之下，行为上又忙于处理各种琐事，长期缺乏必要的休息和调整，那么到了成熟期，日常工作就成了穷于应付，根本无法体会到营销工作本身的快乐和成就感，所能体会到的，就只剩下身心疲惫、万念俱灰了！

其实大多数销售队伍的管理者，也都知道休假调整能够提升销售人员的工作激情，进而提高工作效率，但苦于一些具体问题，所以进退两难。我们来看一看，都有哪些具体问题成为员工休假的障碍，应该如何解决。

其一，这个区域的情况，只有主管销售人员了解，他一休假，他的区域就会一片漆黑，像停电了一样！

这是一种极不正常的情况，对于一些基础信息，比如客户概况、近期意向、关键人物的联系方式等，管理者也应该有起码的掌握。如果负责该区域的销售人员有意封闭这些信息，不仅意味着他自己放弃了休假的权利，说不定还有别的不利于公司的想法！

因此管理者一定要提前做好沟通，强调团队共享客户信息，既是公司的管理制度要求，同时也是个人在休息调整期间他人能够阶段性地负责的前提，把道理说清楚，提前做好信息的收集和汇总，自然就会避免此类情况的掣肘。

其二，主管销售人员休假了，他的客户由谁来负责？

强调团队意识，大家互帮互助，是解决这一问题的最好办法。

管理者应当强调，每个人都有休假的权利，也都有帮助别人的义务，上半年别人休假时你帮助了他，下半年你休假时别人就会帮助你，大家互相帮助，才能共同实现劳逸结合！

另外，销售人员在休假之前，一定要与接手人进行一次专门的沟通，把这个区域的基本情况、近期要事、注意问题等，逐一进行详细的说明，以保证休假期间的市场平稳。

其三，主管销售人员休假了，其间产生的业绩应该属于谁？

主管销售人员休假，其间产生的业绩还是应当属于原来负责的销售人员，因为虽然他在休假，是你帮助他处理了订单，但是前期的客户关系是原来的销售人员建立的、前期的需求也是原来的销售人员探询得来的，只是恰巧在他休假的时候客户实施了采购活动而已，所以主要业绩还是应该归属原来的销售人员的！

其四，主管销售人员休假了，遇到应急事件需要决策怎么办？

针对这个问题，"一小时开机"是一个比较好的解决办法。

所谓"一小时开机"，指的是在销售人员休假的这段时间里，约定好在某一个时间段保持联系，比如北京时间下午3点到4点，公司可以联系到该销售人员，一旦遇到突发事件，可以在这一时间征求该销售人员的决策意见。此外，短信也是一种很好的信息沟通方式。利用短信传递重要信息，不仅对休假者的打扰程度最低，同时又很及时，只不过别忘了对方是在假期，所以接到对方的回话，可能要等到"一小时开机"！

在推行员工休假制度时，最关键的角色就是管理者！管理者此时应当主动承担责任，帮助销售人员解决后顾之忧，尽量让销售人员安心休息调整，以保持良好的工作状态，抵抗身心上的疲惫感！

◎ 休闲性培训

以往一提到培训，销售人员想到的一定是诸如客户心理、双赢谈判、促单策略、CRM应用等与业务相关的内容，但这里说的培训不是这些，而是诸如如何做好家常菜、瑜伽基本式、围棋常用手筋、家庭医生、斯伯克育儿经、羽毛球基本功、明朝故事等与业务没有直接关联的休闲类培训内容。

对于成熟期销售人员来讲，常规的销售技巧，其实已经不在话下了，此时他们内心所渴望的，是业务之外的一些东西，如家庭、生活、健康、历史、哲理等，如果能针对他们的需求，联系公司附近的一些俱乐部、健身会所或培训机构，提供一些新颖别致，同时又具现实意义的培训内容，反而能起到极佳的调节作用。一些老销售人员参与其中，不仅能自我调节心理状态，甚至能举一反三，通过对这些才艺和社会知识的学习，解决客户方面或工作上的许多困惑，这也许就是所谓的"功夫在诗外"吧！

疲惫感的急救

对于销售人员一般程度的疲惫感，如果不及时加以干预和调整，一部分易感人群就有可能进入"深度疲惫"。销售人员一旦进入"深度疲惫"状态，就会相当危险！

深度疲惫的典型表现：职业枯竭

成熟期销售人员一般程度的疲惫感，可以称为"职业倦怠"，意指对正在从事的职业产生了厌倦、懈怠的心理。如果任其发展，或是有严重的负面事件刺激，销售人员的心理状态就有可能从"职业倦怠"发展为更严重的"职业枯竭"！

北京师范大学心理学院许燕教授通过对"职业枯竭"现象的多年研究发现，一旦员工进入"职业枯竭"状态，其心理体验及外在行为都会发生非常严重的病态性改变，甚至会严重危害个体及周边同事的身心健康。

根据许燕教授的调查结论，"职业枯竭"者往往有以下六种典型表现：

首先是生理耗竭，即感觉自己的精力和体力已经完全枯竭，抵抗力下降、食欲不振，有严重的失眠症状，甚至产生幻觉；

其次是才智匮乏，注意力严重不集中，健忘、失忆，很熟悉的同事居然叫不出名字；

第三是情绪反常，出现自闭、易怒、攻击、怀疑、冷漠等负面情绪，并且运用常规的逻辑无法引导其回归常态；

第四是价值观退化，表现为不修边幅、缺乏进取意识，经常把自己看得一无是处，无视自己的尊严，出现人格分裂；

第五是沟通障碍，经常出现言语冷漠、词不达意、答非所问的情形，经常用挖苦、讽刺、谩骂等非常态的沟通方式来与他人进行谈话；

最后是行为怪僻，有的表现为好斗，有的表现为肢体僵硬，有的上班总用报纸遮脸，有的走路时总是回头张望……

面对"职业枯竭",此时"治疗"手段已经远远不够了,必须实施"急救",才能有机会挽救这名销售人员或是将损失降到最小。我们所说的"急救"通常有如下几种方式:

◎ 突然休假

一旦发现成熟期销售人员出现严重的深度疲惫,必须马上要求其将客户工作移交给他人,安排其回家休息,也无需遵循每天"一小时开机"的约定。此时对这名销售人员来讲,调整好自己的心理,尽快回归正常的行为及思维状态,才是最重要的!

◎ 调换工作

从事销售工作的确要承担比其他岗位更大的生存压力,如果某个销售人员进入"职业枯竭"的状态,则侧面说明了其心理承受能力,并不足以支撑其从事此项工作,因此最好的办法就是引导其调换一下工作岗位,这样对他和对团队都有好处!

◎ 进行心理治疗

如果销售人员出现了严重的攻击性行为,或因价值观退化而导致其

第五章
成熟期销售人员疲惫感的形成与调整

有自残或自杀倾向，应当及时与当地的心理治疗机构联系，及时治疗，以保护同事和该销售人员自身的安全。

◎ 尽快劝退

如果某个体出现了严重的"职业枯竭"症状，一般都与该个体的遗传基因或者儿童时期的重要经历有关，此时管理者绝不能高估诸如沟通、调整、激励等常规手段所能起到的作用，因为那些方法和技巧都是在当事人有正常思维和认知的前提下使用的，而已经进入严重的"职业枯竭"状态下的个体，其思维和认知方式跟常规状态是完全不同的。此时对公司、对团队也是对销售人员本人最好的做法，就是劝其离开销售岗位，离开令他产生这些负面情绪的工作环境，寻找一份新的工作，远离以往的行业和城市，这样才能很好地封存这一段经历，并且脱离得越远，封存的效果就越好！

本章总结

疲惫感，是成熟期销售人员经常遇到的心理障碍。本章首先分析了疲惫感的典型表现，然后列举了造成销售人员产生疲惫感的九个典型事件，最后根据陷入疲惫感的程度不同，分别提供了预防、治疗和急救的基本措施。

本章练习

"不同统计学人群疲惫感的成因"的表格上显示了不同统计学特征的销售人员产生疲惫感的主要原因，请仔细对比分析这张表格，看看能否发现一些规律？（见参考答案）

第六章
销售教练与在岗辅导

前文谈到,成熟期销售人员成长发展的方向之一,就是做团队的教练!那么,销售团队的教练都有哪些责任?具体应当如何开展团队辅导工作?在团队辅导的过程中,又应当注意哪些问题?

一、为什么要在团队中引入教练及在岗辅导

> 销售团队的教练，是一项非常具有挑战性，同时对整个团队帮助极大的工作。一个好的团队教练，不仅能有针对性地提高辅导对象的能力和业绩，甚至还能成为整个团队的精神领袖！

吉鸿与裴松的争论

背景介绍

吉鸿，江东化工染料公司销售部总监，负责全国市场及销售队伍的管理；

裴松，江东化工染料公司人力资源部总监兼培训部经理，负责整个公司的培训策划、组织、实施及效果评估等；

何总，江东化工染料公司法人代表兼总经理。

在2009年12月的年度总结会上，吉鸿与裴松两人，就下一年度销售队伍的培训规划问题，发生了一次争论……

"好了，研发投入和产能扩充的问题，大家已经达成统一意见了，到了明年下半年，我公司化工染料的生产能力将扩充一倍，并且产品类型也将增加30%以上，不过这样一来销售部的压力就大了，那么吉鸿，该你说说了，面对明年的新挑战，你有哪些想法？"何总经理阶段性地总结了一下之后，就把话题引向了销售部总监吉鸿。

"实不相瞒，我几周前就开始考虑明年的任务了，刚才大家在谈产能增加和研发投入的时候，我又进一步了理思路。"吉

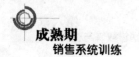

鸿身体前倾,把手中的笔记本往前翻了两页。

"好啊,未雨绸缪,这是你的一贯作风!"何总一听吉鸿已经开始想到如何完成任务了,马上鼓励了一下。

"是这样的,我最近在看电视剧《我的兄弟叫顺溜》,发现了一个问题,一支队伍要想打大仗、打胜仗,除了指挥得当和后勤保障之外,队伍的整体实力非常重要!而要想提升队伍的整体实力,无非就两点,一是数量,二是质量,只要有了这两条,就能做到无往而不胜!"吉鸿用非常肯定的语气说着。

"总结得好!看来你从王宝强那里又学了不少东西,你能不能再说得具体点?"何总继续追问,其他人也饶有兴趣地身体前倾。

但此时有一位与会者身体反而向后靠了靠,这就是公司的人力资源部总监兼培训经理裴松。

吉鸿看到大家注意力都挺集中,就摊开笔记本继续说:"就数量和质量这两个问题,我先说数量。在座的大家都清楚,染料产品本身的特点就是品种多样、参数复杂,而且是一个很小的细分行业,公司的一贯策略是服务营销,做业务还要与公司的内部流程相配合,因此我觉得从市场上大招新人,期望他们短期内就能上手并完成业绩,这种想法是不现实的,今年新员工的工作结果也证明了这一点。"吉鸿说到这儿,看了一眼坐在斜对面的裴松。

裴松听到此言却皱了皱眉头,他的心里七上八下,一时间竟然想不出吉鸿这番话究竟是体谅他的苦衷,还是在领导面前给他上眼药。

吉鸿没有细看裴松的表情,又继续说:"所以,数量这一条,我看短期内是难以解决的!那么剩下的策略就很清楚了,明年要想完成任务,使公司增加上去的产能转变为实实在在的业绩，就只有加强培训、提升现有团队成员的能力这一条路可走！"

"嗯，有道理！那我看接下来就请裴松再谈谈吧。今天大家都在，正好把公司明年的培训方针也定个调！"何总一听培训，又把话题转给了裴松。

此时的裴松，提了提精神。他双手撑着桌子，挺了挺腰板，字正腔圆地说："各位，有关明年的培训，其实我自己也已经有了些想法，既然何总提到了，那我就先说说，我的总体想法总结成八个字，那就是'全面普及，集中突破'！"说到这儿，他特意环视了一下，看看大家的反应。

"谈得细一些，明年的培训方面你有什么具体计划？"何总追问道。

"具体的想法就是，我准备在今年培训模式的基础上，加大普及范围，比如刚才吉经理提到的销售队伍，我准备再扩大'学习卡'的使用范围，还打算组织一批中层以上干部去北京进修MBA。另外，我最近也在不断接触各家培训机构，我发现今年培训界的趋势是'行动学习'，所以我准备在全公司全面推动我一直倡导的'学习型组织'，把'第五项修炼'核心理念贯彻到员工培训当中。销售部门一贯是我培训规划的重点，我准备有针对性地搞系列培训，比如职业化素质、全脑销售、狼型营销、超赢订单六步法……"裴松越说越快，表情也越来越兴奋。

此时，与会者绝大部分都听得饶有兴趣，他们被裴松不断蹦出的新名词深深吸引。但坐在对面的吉鸿表情却很平静，他斜靠在椅子的扶手上，若有所思。

"裴松谈得不错，的确有很多好想法。哎，吉鸿，刚才你说了销售队伍的能力提升至关重要，那么你发表发表意见，你觉

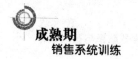

得刚才裴松的想法怎么样?"何总等裴松的话告一段落,马上又开始询问吉鸿。

"是这样的,今年培训部门的确为我们销售部组织了不少培训,他们也挺辛苦,许多培训内容和方式也挺新颖的。"吉鸿接过何总的话题,先恭维了一番,然后语气一转:"但是,我觉得有些培训跟我们销售人员的日常工作还是有些距离!"

"能不能说得具体点?"何总继续刨根问底。

"行,那我就说得具体点儿。首先我要说明一下,从总体上看,今年的培训对我们销售部门的员工还是挺有帮助的,之所以说有些距离,我举个例子,比如上个月刚进行的'电话营销',培训的主题很好,但绝大部分例子都是'卖保险、卖房子、卖礼品、卖电脑、卖理财',老师讲得很好,可我觉得这些例子离我们的染料行业实在有点远。另外,我还觉得……"吉鸿想进一步解释。

"对不起,吉经理!我想稍微打断一下,先说说我的想法!"对面的裴松听到这里,有些按捺不住,打断了吉洪的话。

此时的吉鸿只好停了下来,脸上掠过一丝不快,其他人也都扭过头来看着裴松,想听听他有什么高论。

"刚才吉经理说得有一定的道理,但我觉得培训就是'师傅领进门,修行在个人',那次课我也在现场听了一天,我觉得老师讲的重点是在'电话营销的核心步骤',一个好的学生不应该知道举一反三吗?"裴松说这些话时,语调渐渐升高。

"举一反三是不错,但现实情况是,销售人员日常工作都很忙,整天满脑子想的就是如何更快地完成任务,但那位老师讲了一大串电话推销的流程,举了一大堆卖礼品、卖电脑、卖房子的例子,我觉得一线的销售人员很少有人能把'卖礼品'转化成'卖染料'!"吉鸿说到此处语气已显不满。

"那我觉得就是销售队伍的学习心态有问题，他们既然来到课堂上，就得首先调整自己的心态，不能带着一种'学招儿'和'看电影'的心态来学习，一定得努力把课堂上的内容和自己的实际工作相结合，我觉得造成这种心态，领导者有责任！"裴松此时的语气也变得有些激动。

"我觉得问题倒不在销售人员身上，那位老师前期来调研的时候我就觉得有点不对劲，他以前是做房屋中介业务的，而卖房子和卖染料完全不是一回事儿。比如说有一节课老师讲的是汉语，却让学生反思如何说英语，恐怕就算你硕士毕业的裴经理也做不到吧？"吉鸿说着嘴一撇，表情颇为不屑。

"好了好了！我看这样，要不还是先让裴松再详细谈一下明年针对销售部的整体培训设想，之后，吉鸿，你再针对每一条发表一下意见，已经做过的培训咱们就先不提了。"何总发现两人谈话的气氛好像有点不对，于是开始转移话题。

"好，那我就先说说。明年针对销售部的培训计划，我想主要是做好五个课程，其一是'销售人员的职业化素质'。这个课题今年也搞过，但我发现效果还不够理想，所以我已经找了一家在本市'学习卡'业务做得最好的叫'大成培训'的公司。我看了一下他们明年的系列课程，有为期6天共3次的课程内容都非常好，都是针对如何提升职业化素质的。我的想法是要求销售部参加大成公司的公开课，学习结束要回到公司组织专门的讨论，制订行为改进的互帮互助计划，我还希望公司高层能够出面抽查职业化改变的状态，最后进行总结。总之，我的想法是把每一个课程都做成一个项目，强调学以致用、强调意识的提高、强调内容的落地……"裴松滔滔不绝地说着。

"吉鸿，要不你先说说对这个'职业化素质'培训的看法？"何总等裴松说了一阵之后，又把头转向了吉鸿。

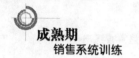

吉鸿此时直了直身子，边摇头边说："说句实在话，裴经理你策划组织一次培训的确很辛苦，但我觉得你弄'职业化'这个专题就有问题，职业化这个概念太虚太大，今年这个课咱们已经搞过两天了，销售人员纷纷反映听得云里雾里的，根本就无从下手啊！"

"怎么会无从下手？前两天我还看到鲁汉，就是那个负责杭州地区的，居然在楼道里抽烟，而且边打电话边四处弹烟灰，后来我说了他两句，这家伙居然还不服气。我看这样的人就特别需要学习'职业化'！"裴松说话的语气很坚决。

"楼道里乱弹烟灰自然不对，可你能保证听完两天课鲁汉就不乱弹烟灰了，尤其是你不在旁边盯着的时候他也不弹烟灰？再有就算他不弹烟灰了，他的业务能力就上去了？他负责的区域业绩就完成了？"吉鸿的口气明显不认可。

此时裴松突然从椅子上站了起来，声音一下子高了八度："我跟你说，吉鸿，培训你不懂，听课根本不能解决所有问题。另外我觉得你作为销售部的领导，对培训的态度就很有问题，每次组织培训，你们销售部的出勤都是最差的，甚至有个别人签个到就溜了。我今天才发现出现这种不重视培训的现象，跟你作为部门领导大有关系！"

"对，我对培训是不懂！是没有你裴经理学历高、见识广！"吉鸿听到这儿，也站了起来，"但是我知道，每个销售人员头上都顶着巨大的任务压力。他们都是掰着手指算每天的业绩进程，并且每次搞培训他们都得放下手头的客户工作，培训完之后还得赶紧回自己区域把落下的工作补上，所以销售人员每天脑子里想的都是业绩、客户、发货、配方、回款，实在是没地方再放什么理念、策略、职业化等空洞的理论！"

第六章
销售教练与在岗辅导

"行了,都坐下,这是开会,不是吵架!"何总看到这种情况,也生气了。

吉鸿和裴松一看老总发话了,互不服气地看了一眼,慢慢坐了下来,其他人你看看我、我看看你,面面相觑……

"你们两个刚才说的都有一定道理,要不裴松你先继续说说计划里的那个'狼型营销'是怎么回事儿?"何总一看两个人都沉着脸,就提了个话题以便打破僵局。

"好,何总,那我就继续谈。'狼型营销'是最近营销培训的热门话题。狼型营销培训的核心理念就是把销售人员训练成具有狼的性格,让他们充满进攻意识、团队精神和卓越的个人能力。狼型营销的训练一般分成八个步骤,第一步是狼型营销的理念,第二步是狼群的性格剖析,第三是……"裴松又如数家珍地说了起来。

但坐在对面的吉鸿,脸上仍然带着不满,他心想:"噢,我的天,还是理念!这个裴松,真让人受不了!"

"并且,我选择的讲'狼型营销'的老师,正是今年给我

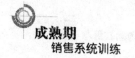

们公司员工上过课、现场满意度最高、培训气氛最火暴、员工感到最有收获的熊老师,相信大家对熊老师的课程风格肯定记忆犹新。熊老师对'狼型营销'的研究非常深入,还特意将成功的销售人员与狼群中的精英进行了比较,并且系统对比了狼的野外生存环境与市场竞争,将头狼与销售团队的领袖、老狼与业务团队中的'老油条'、狼的生存技能与销售人员的能力模型做了对比,讲课过程中还会大量运用《动物世界》栏目中的精彩画面,让销售人员感同身受。据说在熊老师的课堂上,许多销售人员被现场气氛所感染,当时就能学会狼的号叫,还能模仿狼的动作……"裴松两眼放光,边说边手脚并用地比画着。

"好的好的,裴松,我看接下来还是听听销售部门的看法。吉鸿,你觉得这个'狼型营销'怎么样?内容和方式上需不需要调整?"何总注意到了吉鸿的表情,于是又把话题转给了他。

"说句实在话,我觉得销售人员的确需要有狼的精神,但对那位熊老师,我倒是有些不同看法。"吉鸿说到此处又直起身子,他稍微压了压心中的不满,努力用不紧不慢的语气说,"我不否认熊老师讲课的风格,充满激情,很有鼓动性,利用大量的视频和多媒体,但我觉得这些外在的形式对销售人员的帮助很有限。因为对他们来讲,在与客户交谈时,如果过于强势反而会招致客户的反感,对于陌生客户过于充满激情反而会增加账款的风险,并且如果培训中总是强调个人成功的话,我也担心有人会因此而离开公司选择自己创业。"吉鸿一下子说出了一连串的疑问。

"吉经理,那你说一说你们销售部门到底需要什么样的培训,到底需要什么样的老师。"裴松一听吉鸿的意见又与自己相左,索性提出了反问。

第六章
销售教练与在岗辅导

"对呀，吉鸿，说了半天，你对以往组织的很多培训都有看法，那么从你的角度看，到底销售部需要什么样的培训，才能实现你刚才所说的快速提升业务团队的能力，才能支撑明年的业绩增长指标呢？"何总听到裴松的反问，也觉得有道理，于是追问吉鸿。

"其实何总，说句实在话，我自己也觉得销售人员的培训的确难搞，因为他们面临着具体的业绩压力，又听多了各种各样的理念技巧，并且各地区的状况也不一样，客户又是形形色色，"吉鸿说到此处，也微微皱起了眉头，继续说，"所以我觉得一个好的有效果的培训，应该是能够结合我们的染料行业、结合我们公司的具体情况、结合每个销售人员所面临的具体问题、结合我们公司目前的营销政策，如果有这样的培训、这样的老师，那就再好不过了！"

吉鸿说完这番话，裴松无奈地把双手一摊，何总也开始眉头紧皱，其他与会者有的叹气、有的摇着头窃窃私语……

吉鸿与裴松的争论，其实是培训部门和使用部门观点立场不同造成的，这种矛盾会在一支销售队伍理念培训进行到一定程度后爆发，并且会愈演愈烈。解决的办法就是在团队中推行在岗辅导和销售教练制度，才能真正改变参与者行为，进而提升其业绩！

在岗辅导与销售教练

在前面的案例中，培训部与销售部各执一词，对于培训部引入的培训课程销售部认为没有立竿见影之效，销售部提出的培训需求，恐怕培训部也难以满足，而公司的业务任务越来越重，对团队能力的要求也越来越高，解决这一矛盾的最好的办法，就是在销售团队中推行在岗辅导与销售教练制度。

在岗辅导、导师与销售教练

由业务团队中的资深销售人员或是团队的管理者，在日常岗位工作的环境下，对其他团队成员实施知识、技能或观念态度上的指导、训练、教育等，就称为在岗辅导。

与常规的培训相比，在岗辅导有四个重要特征：

一是针对团对中的一个或几个成员，而非团队中的所有人，即在岗辅导的对象一定是个体而非群体，必须从个体的具体情况出发，展开辅导；二是辅导的内容一般以知识切入，但重点则是被辅导方的行为改变，最终目的则是提升业绩；三是整个辅导过程，一定是在岗位的环境中，虽然中间可能会有时空穿插，但辅导的开始、中间和结果的关键过程，都必须结合日常的岗位工作；四是辅导过程，绝不是简单的说与听、教与学、师与徒，而是一个教学相长的互动过程。

而在团队中，针对某个销售人员实施在岗辅导的资深销售人员或团队的管理者，就可以称为这个销售人员的导师，当导师在经过培训与实践磨炼之后，对于辅导技巧已经熟练掌握，并且辅导已经成为其常规工作的一部分，该导师就可以称为团队教练了！

为什么要推行在岗辅导与销售教练

在与外部培训密切配合的前提下，在岗辅导与销售教练，是提升团队能力的最高效的做法。与常规的外派或内请培训不同，在岗辅导与销售教练，能起到非常独特的训练作用，这种作用主要体现在以下六个方面：

◎ 更结合个体的具体需求

虽然一次培训课，比如"大客户销售技巧"，两天的时间里可以讲大客户采购的特点，大客户销售的流程，应对大客户不同采购阶段的核心技巧、异议处理、谈判技术，大客户销售人员的必备素质等许多话题，但对某个销售人员来讲，他可能只关心异议处理，千万不要认为"你不想要的我也讲给你听，这样对你更划算"，就像一个人非常爱吃水煮鱼，可你却准备了一套大餐给他，让对方从开胃小菜开始，从煮花生、拍黄瓜，到鱼香肉丝、家常豆腐，中间穿插丸子汤、熘肝尖，然后才是水煮鱼、蒸扇贝，最后再来点儿参汤和手工水饺……吃过后，你问对方，这顿饭吃得怎么样，对方只能回答："还行、还行，挺丰盛！"

相比之下，在岗辅导的做法是，发现某个销售人员此时最爱吃的是水煮鱼，应该吃的也是水煮鱼，于是教练就做这道菜，然后让对方慢慢地吃、细细地品，相信对方在吃过后，一定会再三追问："这水煮鱼什么时候还能再吃？师傅，您还有什么拿手菜？"

◎ 更能激发个体的学习欲望

> 梅奥的"霍桑实验"

1924 年，美国著名管理学家梅奥（O. J. Mayo），在美国西方电气公司下属的霍桑工厂进行了一个探寻"工作环境与工作效率之间关系"的对比实验。他随机抽取了两个样本同质的车间，分别在照明条件、班次安排、环境变化等多个条件下进行了对比实验。初步的测量结果显示，实验组中，工作环境或条件改变的那个车间的工作效率更高。

但在接下来的深入访谈却发现，原来该车间工作效率的提高，根本不是因为其工作环境或条件的改变，而是这个车间的员工，因为实验而普遍产生了一种被期待、被重视、被认可的感受，所以工作效率明显提

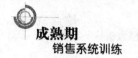

高了。

梅奥的"霍桑实验",揭示了员工的工作状态的决定性因素不是外部条件,而是内在的心理感受,而认为被尊重、被寄予厚望、被理解等正面情绪,才能够实质性地促进员工的工作效率!

∧ ∧ ∧

与梅奥的"霍桑实验"类似,在岗辅导从来不是针对某个群体,而是针对群体当中的个体,既然不是针对群体,因此被辅导者就会产生一种幸运感、自豪感、被重视和被期待感,这种不同于大众的心理感受,就更能够激发个体的学习欲望,对所学东西的掌握自然就更加深入、更加牢固,应用起来也就会更加得心应手。

◎ 更切合公司的产品与市场

因为在岗辅导的教练,是部门的老员工,或是部门的管理者,其对市场、客户、对手及公司的管理环境了如指掌,他很清楚哪些技巧可以应用、哪些方法只能借鉴、哪些理论纯属纸上谈兵,所以他对被辅导者的指点和帮助,在针对性上,是外请讲师或培训机构根本就无法比拟的!

◎ 更利于培训内容的最终贯彻

如果是外请老师,很有可能老师讲完课就走人,最多是留两个作业题、留几张改进表,而这些对学员的控制力是非常弱的,人的本性又是因循守旧,所以即便是培训内容上非常有益的部分,最终被学员贯彻到实际工作中的,也是少之又少!

但在岗辅导则不同,教练就是你的同事、就是你的经理,他有大量的时间跟你在一起,就能够更细致地解释、更仔细地观察、更认真地督促,最终就会将辅导内容更好更深入地落实到被辅导者的日常行为中。

◎ 对教练也有帮助和启迪意义

有这样一个辅导项目,是由团队中的老销售人员辅导刚来不久的新人，辅导重点是"如何应对客户的价格异议"。

在辅导过后，不仅被辅导者掌握了处理异议的方法，这位教练在总结时也特意谈到："之前我认为，现场话术和与客户的关系基础，在处理异议时最重要，但我从新来的小郝那里，也学到了一点，因为小郝学的专业就是关于发动机的，他将发动机的核心原理与处理异议的话术技巧相结合，能更好地取得客户的认可。所以今后我自己也要加强对产品知识的学习，在这方面我准备下一步请小郝反过来辅导我！"

◎ **有利于公司知识资源的积累**

在辅导过程中，会有大量的作业、练习、应用、效果对比等文字资料留下来，这些资料都弥足珍贵，因为它们完全来自实践、完全来自市场、完全来自真实的客户应对，所以如果将这些资料保留下来，并进行适当的编辑整理，就能够成为公司促进销售队伍能力提升方面最核心的知识资源，对公司长久和可持续的业绩提高，帮助巨大！

在岗辅导的优越性是显而易见的，但要想实现预期目标，有两件事情最关键，一是辅导的过程，二是教练的水平，二者只要缺一，在岗辅导就会变得不伦不类，甚至还不如搞两天的集中培训！

二、在岗辅导的关键步骤

在岗辅导虽然相对来说更有效果，但是如果把握不住其中的关键，只能使在岗辅导事倍功半。

有效规范辅导的流程、把握住各流程环节中的关键点，是保证辅导效果的前提条件。通过对大量辅导过程的分析研究，总结各种各样的经验教训，笔者发现，要想使辅导最终有效，必须做好以下六个关键步骤：

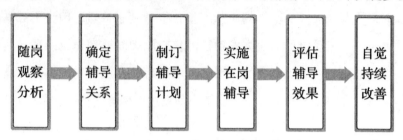

销售人员在岗辅导的关键步骤

随岗观察分析

就像任何营销策略都离不开前期调研一样，针对销售团队的在岗辅导也离不开前期的工作观察和分析，而要很好地完成这个步骤，就要完成三个重要任务。

◎ 圈定辅导对象

由于实施在岗辅导的导师或销售教练，要么是团队的领导，要么就是团队中的资深业务经理，对团队中的其他成员本身就比较了解，所以一提到辅导，肯定就会在脑子里出现几个人或是一个小的群体，而确定辅导对象，其实就是从这几个人或小群体中，最终圈定某一两个个体，而圈定的原则，主要来自下面这张图。

由于在岗辅导的最终目的，是要提升业绩，所以在选择辅导对象时，"业绩"就成了一个重要的参考因素；而另一个对辅导效果影响巨大的因素，自然就是被辅导者的学习意愿了。将这两个维度进行组合，辅导对象的最终决策也就显而易见了。

学徒，是销售教练的最佳选择，因为学习的意愿强，是辅导效果的有力保障，而一旦辅导效果出来了，对其业绩的促进作用也会非常明显，这两个因素互相促进，就会使"学徒"向"明星"方向转化！

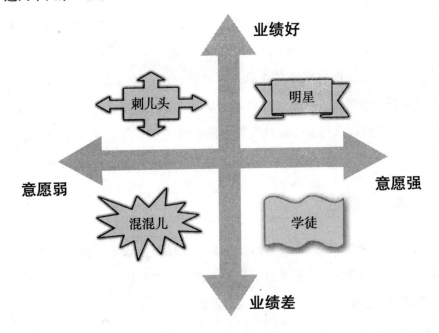

辅导对象的选择依据

明星，同样也是不错的选择，但如果做了这个选项，销售教练在之后的辅导过程中，在辅导内容选择、自身角色定位、辅导过程跟进等方面，总体的要求会比较高！

如果销售教练准备挑战一下自己，就可以选择"刺儿头"，不过要做好思想和精力上的准备，准备接受一系列的折磨甚至挫败感，因为"刺儿头"一般都是认为自己有一套、不会轻易服从的！

除非新上手的销售教练实在是太"好为人师"了，否则根本没有必要在"混混儿"身上浪费时间，此种类型的人早就应该交由人力资源部做劝退处理！

还有一点要特别说明，那就是不要只选择一个人作为辅导的备选对象，因为后面的不可预知的因素还很多。

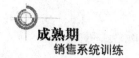

◎ 综合绩效分析

一旦初步选定了辅导对象，接下来就要对该销售人员的绩效情况进行分析，以进一步发现问题。

但这里所说的绩效，并非只是指业绩，还包括考勤、市场占有率、客户反馈、表格填写等多方面的综合表现。同时在分析时，不仅要知晓目前的绩效情况，还要了解其发展变化的趋势，以及这种绩效现状及变化背后的原因。

◎ 日常工作观察

不能只分析绩效，因为绩效一般只是个结果，还要分析形成绩效的原因，而这种原因，一般来自日常的工作，故而分析的范围还应当扩大到拟被辅导对象的领导和同事对其的评价上。

领导评价

如果教练本身就是该销售人员的领导者，那么这一步就可以省略了，但如果不是，就一定要单独与该销售人员的直接领导沟通，详细了解领导的综合评价，以及评价所依据的具体事实或数据。

同事评价

在许多情况下，领导评价员工的角度与员工之间的评价角度是完全不同的。因此要想实现对一个员工的综合评价，就一定要了解其同事的看法。但在了解此问题时，要注意策略，最好是直接告知对方自己询问情况的目的，以避免对方传话之后，给被辅导对象造成不必要的心理负担。

内务观察

内务观察，主要指在公司内部以及非客户接触情况下的被辅导者的工作状态。具体内容有：桌面、办公环境、日常事务性工作、内部沟通风格、与同事相处、工作条理性、拜访前的准备、拜访后的跟进行动等。

第六章
销售教练与在岗辅导

随访观察

随访观察,主要是在与客户面对面相处时,对方的具体表现,如表情、话术、肢体动作、现场行为等,还要在拜访结束之后,询问对方这种具体表现的原因和内在的想法。(此方面的内容,还可参考笔者所著《金牌销售经理Ⅱ:有效管控销售队伍》一书中第四章中的相关内容)

首先,作为整个辅导过程的第一个步骤,观察与分析必不可少!作为销售教练,万不可凭以往的经验,不经专门的、有针对性的观察与分析,就断然地给对方下结论;另外一定要做好记录,而且不仅要记录观察过程中所发现的问题,还要记录相对应的事实或数据,这些对未来的辅导,都是至关重要的!

确定辅导关系

这应当是整个辅导过程当中第一次与被辅导对象的正式谈话,因此其重要程度可想而知。

庞强与小辛的对白

庞强是远大通信公司集团客户部的资深业务经理,小辛是刚刚加盟集团客户部的销售新人,部门主任胡派的意思是让庞强带一带小辛,庞强欣然应允。

在经过了几天对小辛工作的观察之后,庞强今天下午准备跟小辛好好谈一谈,就算是正式辅导的开始。

"小辛呀,我看你最近几天工作还是蛮努力的嘛!"庞强按照书本上讲的,先表扬了一下。

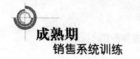

"多谢庞哥夸奖,不过我觉得我最近还是有很多问题,特别想向您请教!"小辛的态度很诚恳。

"嗨!请教谈不上,其实我们也都是从新人过来的,你不要着急,有我在,我会帮助你的!"听到小辛的恭维,庞强感觉很受用。

"那我就先谢谢庞哥了。我最近最头痛的问题就是,找不到合适的客户。我目前任务差得最多的就是DPHONE业务,那么贵的手机,我去哪儿找客户啊?"小辛的表情很焦急。

"DPHONE手机确实贵,但它有贵的道理,比如全智能触摸、强大的后台软件支持、最时尚的工业设计,还有飞一般的网上冲浪速度,以及……"庞强如数家珍地说了起来。

"庞哥,这些我都了解,但我现在最大的问题就是,怎么才能找到合适的客户。为什么我总是说不了几句话就被客户拒绝了呢?"看得出来,小辛非常想得到答案。

"你先别着急,小辛,我跟你说DPHONE优点的目的,就是想让你知道,要想了解准客户在哪里,就要首先吃透产品。比如上网速度快,你就得好好想一想,什么人对上网速度要求高。比如说设计时尚,你就得思考,什么人最看重一款手机的外形设计。还有近十万的应用软件,你就得想到……"庞强越说越兴奋。

此时的小辛,似乎恍然大悟,她急忙翻开笔记本,飞速地记录着庞强的话语。

"小辛呀,我觉得你很有潜力,一方面是有营业厅的工作基础,另一方面你非常好学。"庞强看到小辛很认真地做着记录,在说完准客户的问题之后,又把话题转了回来,"不过我盯了你好几天,发现你身上有很多问题,有些还很严重!"说到此处,庞强露出关切的表情。

"是的,我也觉得自己有些问题,我也意识到了最近几天您挺关注我的,"小辛听到问题严重的字眼,也紧张了起来,"唉,是不是胡主任对我有什么看法,他前天也问了我许多很怪的问题。"

"不是不是,你不用担心,其实那是我跟胡主任商量好的!"庞强显得有些得意。

"商量好的?那到底是什么呀,庞哥?弄得我最近几天好紧张!"小辛表情依然焦虑。

"嗨!不用紧张,其实这就是我今天找你谈话的最终目的,公司现在准备推行在岗辅导,而胡主任已经确认我是第一批销售教练了。胡主任的意思是,你目前的业绩不太好,所以让我来专门辅导你一下,顺便看看你的潜质。"庞强边说边意味深长地点了点头。

"噢,原来是这样!"此时的小辛表情凝重,"那,庞哥,您最近几天观察我,觉得我这个人有做业务的潜质吗?"

"潜质当然是有的,不过最近几天我的确发现了很多问题,

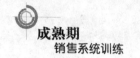

今天必须跟你说说。"庞强说着摊开手里的一个笔记本。

"好的，您说吧，我一定认真改！"小辛也翻开了新的一页。

"首先，你的产品掌握太死板，跟客户谈话时总将宣传册上的东西照搬照抄；另外，跟客户打电话的时候，不要一上来就推荐产品；还有，那天有一个客户要求退手机，你以后一定要先问清背景情况，然后再做解释；此外，你与客户的交往方式也要注意，这里不是营业厅，搞得太死板会使客户有距离感；并且业务管理系统的使用你也不熟练，昨天调一个客户档案用了那么长时间，让客户都等急了……"庞强滔滔不绝地讲了起来。

此时的小辛，签字笔在本子上飞舞着，同时脸色越来越难看，最后实在忍不住，居然哭了起来……

庞强大吃一惊，急忙问道："哎呀！小辛，你怎么了？"

小辛噙着眼泪，哽咽着说："庞哥，我有这么多的问题，能解决得了吗？是不是胡主任觉得我不适合做大客户营销，要把我退回营业厅啊？"

"不是，不是，胡主任的意思是要再给你一次机会，只要你这次辅导有明显进步，就肯定没问题的！"庞强急忙解释着。

"那好吧，我一定努力！可我有那么多的问题，能那么快就解决吗？"小辛擦了擦眼泪，表情却依然焦虑。

"肯定能解决！你身上的这些问题，我跟你一说，你就明白了！"庞强合上本，语气坚定地继续说，"比如说掌握产品吧，一般要掌握它的十个要点，这十个要点自己要能对答如流……了解背景情况，要多用'铺垫引导式提问'……客户嫌我们的DPHONE贵，你就先'理解认同'，然后再'阐述细节'……下次打开业务管理系统时，先把'客户概况'栏打开，然后收在底边,再做其他操作,这样速度就快多了……另外,你与客户相处时,一定要有肢体接触,这样客户才会跟你有亲近感!"

……

不知不觉中,大家都陆陆续续地下班了,只有会议室的灯依然亮着。里面的两个人,一位是身体前倾、表情期待的小辛,她一边做着记录,一边不住地点头,对面是指手画脚的庞强,他滔滔不绝地说着,语速越来越快,表情也越来越自豪。

庞强业务能力的确很强,也发现了小辛工作中的许多问题,但就"确定辅导关系"这个环节来讲,这次谈话并没有达到目的。

◎ 要确认辅导关系

有些销售队伍,因为各种各样的原因,也会出现两个极端现象:一是没有人愿意被辅导,此种情况下,就要求管理者和销售教练相互配合做好大家的思想工作,强调辅导并非是因为被辅导者表现差或是有问题,而是为了团队共同提高;第二种情况是许多人都希望被辅导,此时销售教练也要做好说服教育工作,要跟大家说清楚,在岗辅导工作量比较大,教练一个人不可能同时辅导整个部门,另外还要说明,辅导不是一时的运动,以后大家都有机会参与。

◎ 不要给对方过大压力

庞强在与小辛谈话的过程中,一个明显错误就是给对方过大的压力,弄得小辛觉得自己的问题很严重,所以被挑出来做辅导。

教练在与被辅导者谈话时,一定要强调对方的努力、对方的潜质以及正是因为领导认为对方是可造之材,所以才有机会被辅导。只有减轻了对方的压力,才能使对方做到轻装上阵,使辅导的效果最大化。

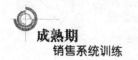

◎ 要强调辅导是相互的学习

对前文提到的那种"业绩好但学习欲望差"的"刺儿头"型人物，就一定要强调此点。

因为此种人一般自我感觉都比较良好，所以根本发现不了自己的问题，但从客观的角度分析，他的工作其实有许多不足。但如果直接指出，对方心理上根本就不可能接受，所以用相互学习的态势进行引导，会比较容易取得对方的认可。

从另一个角度讲，作为教练也不是十全十美，因此在辅导的过程中，也要抱着向对方学习的心态，这样才会在学员的言行举止和行为改变的过程中，也有所感悟有所收获的。

◎ 展开培训要循序渐进

也许是庞强自我感觉太好了，或是小辛的好学精神打动了他。结果庞强在第一次与小辛的谈话中，就开始辅导了，并且还是一种说教式辅导。虽然小辛听得颇为认真，但仍然起不到辅导的作用。

当然，如果遇到像小辛这样的"学徒"型的被辅导者，因为其学习的欲望很强，特别希望尽快地解决自己所面临的问题，现场询问答案的做法也是可以理解的。但此时作为教练，一定要强调循序渐进，甚至要适当降低对方对辅导的期望，要强调没有人能够一下子解决所有问题，业务能力的提升是一个过程，而不是得到一个答案之后就今非昔比了！

◎ 要强调辅导过程中的注意事项

在岗辅导绝对不同于一般的培训或是内部的经验交流，教练与学员在此阶段会密切沟通，共同面对学员的各种个性化问题，并且学员也不是听完问题的答案就万事大吉了，一定要做大量的练习和作业，才能保证所学内容真正贯彻到位。

因此，在"确定辅导关系"时，销售教练一定要跟对方强调：一是积极地思考和调动自己，不能被动地接受或只是索要；二是一定要按时按量地完成辅导过程中的各种练习或作业；三是相互承诺必要的保密，包括对方的个人隐私或客户的敏感操作等；四是要对辅导过程中可能遇到的困难和挑战有充分的认识，如果半途而废是要通报领导的；五是按照规范的在岗辅导要求，还要分别签署两个文件，即《学员承诺书》和《教练承诺书》，将上述的要求及注意事项进一步地明确和细化。

制订辅导计划

"凡事预则立，不预则废"，意思是做任何事情，事前都要有一个计划。如果有周密的计划，则成功的概率就高，反之，十有八九会失败！

在岗辅导是一项耗时较长、过程复杂、充满个性且需要相互配合的培训方式，事前没有计划，是不可想象的，而制订辅导计划的核心，就是认真填写好"辅导计划表"！

辅导计划表

辅导要点（1）：			
当前状态描述：		理想状态描述：	
讲述内容	完成期限	达成标准	备注
作业内容	完成期限	达成标准	备注
演练练习	完成期限	达成标准	备注
实践应用	完成期限	达成标准	备注
辅导要点（2）：			

(续表)

当前状态描述：		理想状态描述：	
讲述内容	完成期限	达成标准	备注
作业内容	完成期限	达成标准	备注
演练练习	完成期限	达成标准	备注
实践应用	完成期限	达成标准	备注

学员承诺签名：_____   项目教练签名：_____   部门主任签名：_____
日　　期：_____   日　　期：_____   日　　期：_____

◎ 辅导要点

辅导要点，即要辅导的具体内容，一般可以分为"结果"与"过程"两类。直接以结果为导向的辅导内容挑战性较大，比如业绩提高50%，逾期账款回收3000万以上，签约华能集团沱江水电站配套项目，在今年5月1日前实现提前转正，等等，可参考本书第三章对目标特性的描述。此类辅导内容的特点，都是该目标的可衡量指标，一般为数字、协议、比率、凭证等。

结果导向的辅导内容，教练首先要对结果进行分析，分析从目前状态到理想目标之间的差距，并找出能弥补这种差距的主观因素和客观因素。所谓主观因素，即辅导对象自身通过努力可以达成的相关因素；所谓客观因素，即指非辅导者所能控制的因素，如对手动作、客户变化、公司政策调整等。作为销售教练，此时要引导学员将注意力集中到主观因素上，并进一步分析在各种主观因素当中能起最大作用的关键性因素，然后以这些关键性因素作为最终的辅导要点。

以过程为辅导内容，同样也不轻松。过程导向的辅导内容，最常见的就是技能辅导，如产品掌握、异议处理、软件应用、有效开场、电话预约、人际交往等。这些训练一般以最终的行为改变为衡量标准，即期望通过辅导之后，被辅导对象的某项行为能够改变、内化并能够自觉持续。这里的内化，指的是被辅导对象必须将教练所教的东西转化为自己的技能，比如话术技巧，必须将之转化为自己的语言，配以自己适当的表情和肢体语言，以达到相应的沟通效果，而不是将教练所教的东西僵化地照搬。至于自觉持续，即要求在辅导结束之后，被辅导者也能够自觉地应用新的行为方式，而不是教练在时应用，教练离开或是辅导一结束，就一切照旧了。

此外还有一个重要问题，即无论是"结果"还是"过程"，在辅导要点的数量上以1~2个为宜，最多3个，万不可贪多，不可奢望被辅导者在经历了一个辅导周期后，马上改掉所有的问题，脱胎换骨！

◎ 辅导时间

集中辅导的时间不宜过长。通常来讲，4~6周是比较合适的集中辅导期限，如有必要也可以延长到8~10周，但不要超过12周。因为在辅导阶段会有大量的练习、作业、沟通、随访等事情要做，这些事情多少都会干扰到日常的业务和生活，如果辅导时间过长，会使学员和教练产生拖沓的感觉，反而使辅导变成一种负担。

◎ 多种教育方式的组合

在本系列的第一册就谈到，组合多样的学习方式能使教育的效果最大化。

因此，讲述、演练、作业、讨论、实践等多种教育方式，在辅导中要组合应用，并且在制订计划阶段就要大体明确实施的时间，这样做既能使被辅导者做到心中有数，同时又便于教练与学员的时间安排。

◎ 签字画押

表格的最后一个栏目，就是要求学员、教练和部门领导三方签字画押。

签字画押的作用，一是督促被辅导者重视辅导过程，按时按量地完成教练布置的任务；二是给教练一种责任感和荣誉感，促使其更加认真地投入辅导活动；三是作为领导，了解了本次辅导的内容重点、达成结果和辅导过程，也有利于其安排教练与学员的日常工作，并尽量给予辅导活动适当的支持和帮助。

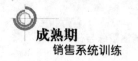

制订辅导计划，很有可能不是一次谈话就能完成，或许要经过几天几次的反复。无论是辅导要点、达成状态，还是辅导的具体进程，不能仅凭教练或部门领导的单方面想法，而要与被辅导者共同探讨、商量之后方可确定！

实施在岗辅导

制订辅导计划之后，接下来就是长达数周的具体辅导过程了。要想使辅导最终达到预期效果，还需注意以下诸多问题：

◎ 集中于辅导的核心目标

辅导中，经常会出现这样的情况，原来预定的目标是帮助辅导对象提升"产品推介"的能力，可辅导进行了一段时间后，被辅导者提出教练能不能再帮助他提升一下"与客户私人交往"的技巧。

第六章
销售教练与在岗辅导

凡遇此种情况，教练可以比较一下这两个目标，但凡临时更改必须有三个重要前提：一是被辅导者主动提出，二是新目标对于业绩的贡献程度要明显优于原目标，三是原辅导目标已经提前达成。只有同时符合这三个前提，才可以更改或添加新的辅导目标。

但总体来讲，不建议经常变更辅导目标，或是教练认为前一个目标已经做得差不多了，该知道的方法对方也已经知晓了，于是就随意地增加辅导任务，希望能在辅导期多教对方一些东西，并且被辅导者可能也希望少花时间多得收获。几种想法混杂在一起，于是重点辅导变成了大杂烩，这几天是"谈判技巧"，过两天又变成了"异议处理"，再过些日子又谈起了"应收账款"，之后没多久又开始和学员"分解业绩"……这样几周过去，表面上看辅导的内容挺充实，但实际每一项对方都没有吃透，都没有内化，就更谈不上自觉持续了！

◎ 协调好教练与学员的时间

大多数的辅导都是一对一的，教练与学员需要有很多时间在一起共同分析、研讨、示范、练习和随访，除了业务团队的规模达到一定程度，公司的销售教练已经成为一个专职的岗位，否则无论是教练还是学员，都会有自己的客户和业绩指标。因此，双方一定要协调好各自的时间安排，尽量使辅导和工作两不误。

要想实现"两不误"的目标，一是在制订辅导计划时就要考虑好教学双方在各种时间和精力上的可能性，二是在辅导过程中，不断地将辅导动作的时间安排进行细化，并且应用本书第三章中推荐的各种时间管理工具，尽量按计划执行，如遇突发事件再及时调整，相信还是能有机会在辅导与日常工作之间实现双赢的！

◎ 严格督促作业及练习的完成

常规来讲，作为教练，至多每隔三天，就要与被辅导者进行一小时以上的单独沟通。沟通的内容主要是了解其作业和练习的完成情况、近来在实际应用技巧时遇到的问题和通过近期学习的感受体会等。每隔两周，还要对前期的辅导过程进行一下总结，盘点辅导过程中的问题，调整下一步的计划。并且某一个辅导要点完成之后，也要针对学员对该要点的掌握情况、掌握水平、学习过程中的优缺点再次进行总结分析。

所有这些动作的目的，实际就是督促学员认真按照辅导计划完成教练布置的各种练习、作业、演练、应用等，因为辅导的关键在于应用、在于将辅导内容真正转化为学员自发的行为，而要想实现这种转化，思考、作业、练习、校正等动作是必不可少的！

心理学的研究结论多次证明，大多数人的本性是追求快乐、逃避痛苦的，而被辅导的过程实际就是改变自己以往的行为、建立新的行为习惯的过程，而这种改变对大多数人来讲也是痛苦的，所以此时就需要教练在一旁引导、督促，甚至是强制，直到对方用新的行为取得了成就，重新体会到了更大的快乐时，才会真正地将新的行为固化！

◎ 耐心调整学员的不良情绪

"您说得不对，客户并不看重一个销售人员对产品的掌握，客户只看关系"、"嗨，没必要做什么作业、练习，我已经懂了，知道该怎么做不就行了吗"、"还添什么计划表，我到时候认真做不就得了吗"、"什么趣味介绍，还要把自己的名字来个娱乐化的解释，那样做显得多傻呀"、"唉，实在没意思，好几个星期了，整天就是产品问答异议处理，翻来覆去的总是这些套话"、"我真后悔了，不该参加这个什么破辅导，弄得自己下班也晚了、工作量也加大了、跟客户说话反而觉得别扭了，连业绩都受影响了"……

诸如此类都是辅导过程中被辅导者较容易出现的负面情绪，对此，作为教练绝不能听之任之，一定要耐心地说服引导，并且身体力行地帮助对方解决辅导过程中面临的诸多问题。只有帮助学员调整好心态，学员才能轻装上阵，顺利掌握新的技能，进而实现辅导的目的！

◎ 随时与领导保持沟通

在辅导的过程中，教练一定要保持与团队领导的密切沟通，至少每隔两周，要将辅导过程及学员在此阶段的表现通报领导。

在通报时要注意两个原则：一是成绩要早点通报、问题要晚点通报。成绩早通报原因就在于，如果学员在辅导过程中取得了进步，早点通报的结果会带来领导的及时表扬，这种及时的表扬，就能够进一步激发学员的学习意愿。问题晚通报的意思是，被辅导者出了问题，教练首先要反思自己的辅导行为，要尽最大努力先从自己的资源入手，帮助对方实现转变，而不是有了问题就找领导，盼着借助领导的权威来维持辅导的局面。二是在通报时不仅要讲现象，还要讲原因，讲下一步的计划，只有全面地分析现状、剖析原因、制订计划，领导也才能更有的放矢地给辅导活动以支持和帮助。

◎ 组合应用各种学习规律

知识、技能、观念态度，构成了一个人的智力素质，而在对学员进行辅导时，常常要组合应用，因为无论是结果导向的辅导要点，还是过程导向的辅导内容，都离不开相关知识的学习、对应技能的提高以及相关观念态度的转变。

一方面可以参照本系列的相关章节，另一方面也需要广泛涉猎、博采众长。一位出色的教练，一定是一位善于传授知识、善于分解技能、善于调整心态的大师，而要想达到这一境界，必须组合应用学习规律，

并将之与要辅导的具体内容紧密结合才可以！

◎ **随时总结辅导心得**

古希腊哲学家苏格拉底说过一句名言："水平不在于时间，而在于总结。"意思是说，某项技能的水平，往往不在于某人从事此技能的时间，而在于是否经常进行自我反省，总结经验教训，所以按照苏氏的理论，"单纯熟并不能生巧，必须辅以总结反思才行"。

做一个优秀的销售教练，与成为一个业绩出色的业务精英相比，难度和挑战性要高出许多。原因就在于，成为销售精英，只要自己做好就可以了，而销售教练是要改变他人，使他人成为精英。人是这个世界上最复杂的生物，并且大多数人都会自以为是，都会拒绝改变，所以每次教练辅导的过程都是一次难得的机会，作为教练一定要不断尝试、不断总结、不断回顾，才能使自己的辅导与教练技巧百尺竿头精进神速！

评估辅导效果

教练在辅导过程中要不断总结，那么在辅导结束的时候，被辅导者也需要来一个总体回顾，这个总体回顾可以通过"学员辅导总结表"和"学员对教练的评价表"两张表格来体现。

学员辅导总结表

学员姓名：_____ 教练姓名：_____ 填写时间：_____

总结收获部分	自我整体收获评价： □收获颇丰　□较有收获　□收获一般　□收效甚微 □浪费时间	
	辅导要点（1）：	具体收获描述：
	辅导要点（2）：	具体收获描述：
表现反思部分	对自我在辅导中表现的总体评价： □非常满意　□基本满意　□表现尚可　□不太满意 □深感懊悔	
	辅导过程中自己的优点： 1. 2.	相应事实或情景说明： 1. 2.
	辅导过程中自己的不足： 1. 2.	相应事实或情景说明： 1. 2.
持续改善计划	内容说明	时间段	采用方式
写给导师的话：			

◎ 总结收获

持续数周的辅导结束了，肯定是要总结一下收获的。"学员辅导总结表"要求在集中辅导期结束后的一周之内，一定要填写完毕，并与教练进行沟通。

总结收获部分，被辅导者首先要对自己的收获进行总体评价，这个栏目有五种情况可供选择，需要学员在相应的位置上画钩即可。

但不能仅仅是总体评价，还要对各辅导要点进行具体的评价，一定要举出具体的例子，比如，不能仅仅写"产品推荐技巧"收获很大，而一定要写"每次向客户介绍产品，都尽量列举产品的特征、优势、利益和证明，使本人在辅导期内平均与客户交谈时间延长了一倍，销售量也提高了10%"。

此外，在总结收获部分，也并不一定非集中在辅导要点上，许多实例证明了一点，在辅导过程中，辅导要点之外的东西，比如教练的认真态度、学员自己的感悟、辅导过程中自己的努力和进步、客户对自己的态度变化等，都有可能成为本次辅导的收获。

◎ 自我反思

虽然是有收获，但还需要反思自己的整体表现。

反思的内容，除了对自己表现的整体评价之外，还有常规的优点与缺点，但不同的是，一定要让被辅导者写出对应的情景或细节，例如，不仅要写上"优点是积极配合教练的辅导工作"，而且还要举出诸如"辅导期间教练一共布置了五项任务，我都能做到提前完成，并且均一次通过没有返工"等相应的实例。

◎ 持续改善

集中辅导的时间总是有限的，但客户的需求发展、市场的不断增长、员工的自我成长是没有止境的，因此，辅导活动是告一段落了，但被辅导者绝不能就此止步，一定要为自己设立新的学习和努力的目标，把这些目标和具体的学习步骤写下来，这样既有利于督促鞭策自己，还有可能争取到领导的相应资源，获得外派学习或二次辅导的机会。

◎ 评价教练

对于"学员对教练的评价表"，学员填写完毕之后，不要直接交给主持辅导的教练，而是要呈报给直接领导。之后，再由直接领导，根据其填写的情况与主持教练进行沟通。这样做的目的，是尽量减轻学员填写此表格时的心理压力，尽量使其将对教练的真实想法直白地表达出来，这样对他、对教练、对公司整体的辅导项目，才最有意义。

学员对教练的评价表

学员姓名：_____　　教练姓名：_____　　填写时间：_____

对教练的整体辅导能力评价	
□非常胜任　　□基本胜任　　□能力中等　　□有所欠缺　　□很不适合　　□误人子弟	
教练在辅导中体现出的优点 1. 2.	相应事实或情景说明： 1. 2.
教练在辅导中体现出的不足 1. 2.	相应事实或情景说明： 1. 2.

其实不仅仅是学员,作为教练,也要在一个辅导周期结束后,对自己的整个辅导过程做一个总结,也有相应的总结表格需要填写。总之,只有不断地总结和反思,才能使辅导者与被辅导者实现共同的、互动的、可持续的进步!

自觉持续改善

学无止境,这在岗辅导的最后一个步骤,是难度最大又最有意义的一步!但要想使辅导期结束时被辅导者的激情不减,并且此后能自觉运用本次辅导所掌握的核心内容,还能产生自我学习的热情,就必须从辅导过程中着手。

◎ 辅导的时间不宜过长、内容不宜过多

这已经是笔者第二次提及此话题了,该要点不仅对辅导过程大有裨益,对此后的持续改善也有重大意义。

因为如果辅导期间的内容过多、集中辅导的周期又长,就会使学员产生一种厌倦的心理,那么到了辅导结束的时候,被辅导者就会长出一口气:"嗨,总算结束了!"这种度日如年的感觉是绝对不利于集中辅导结束后的实际应用和持续改善的。相反,如果集中辅导期不长,同时辅导的内容不多,学员掌握得很到位,对其销售工作产生了促进作用,那么在辅导期结束的时候,学员就会有一种意犹未尽之感。有了这种感受,学员就会请求延长辅导周期。增加辅导内容,也就自然会进入"自觉持续改善"的状态了。

◎ 认真确定持续改善的计划

在"学员辅导总结表"中，有一个重要的栏目，即持续改善的计划。作为教练对这个栏目不能掉以轻心，一定要与被辅导者充分沟通，进一步挖掘其有待提高的地方，然后认真帮助其制订好相关的改进计划。

◎ 必要的督促和关照

因为在集中辅导期，教练与学员密切接触，甚至形影不离，所以很多被辅导者会对教练产生一种心理上的依赖情绪，具体表现为：有事儿总是要找教练帮助，有想法总是要找教练询问，仿佛没有了教练的指导自己就一切都拿不定主意了。

对于这种依赖情绪，作为教练一定要注意调整，不能像集中辅导期那样有问必答、有求必应，但也不能一概置之不理。比较好的做法是适当延长与学员的沟通间隙，比如集中辅导期是每三天长谈一次，那么此后可以每两周长谈一次，谈话的重点也尽量放在对方的持续改善计划的内容上。另外，对于学员所提及的非持续改善计划中的内容，要尽量引导学员自己想办法、想思路，自己反思优劣得失。

◎ 及时表扬

发现学员在辅导期结束之后仍然能坚持应用辅导中所学的内容，并且进行了内化和升华，或是该学员开始尝试新的技能技巧，在学习中很有主动意识，教练一定要及时通报领导，给予对方适当的奖励或表扬，以鼓励这种持续改善行为的保持。

◎ 外派参加新的培训

内部师傅的指导即在岗辅导与"外来和尚的念经"即外部培训，对

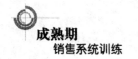

一个销售团队的能力提升与发展来讲,永远是相辅相成、缺一不可的。

因此,如果某个学员在集中辅导期表现出色,进步明显,公司完全有理由派他去参加外部培训机构组织的更高级的培训。通过培训,学员不仅能够进一步开阔眼界、拓展思路,还能够通过自我教练的方法,结合公司的产品和市场,内化成自己的东西,从而形成一种新的知识循环,也能够大大促进其自我改善能力和意愿的提高。

◎ 培养其成为新的团队教练

有过被辅导的经历,并且在辅导过程中表现出色,这对于销售教练来讲,都是一笔巨大的财富,管理者可以有意识地针对其进行培养,给其机会参加专门的教练技术培训,这样做一方面可以充实未来的团队教练队伍,同时又能够进一步激发对方的学习欲望,因为他面对的是更高的目标、更大的挑战!

三、销售教练的选拔与培养

本章伊始就提到,在岗辅导的成功,最关键的因素有两个:一是辅导的过程要严整,二是销售教练本身要过硬。而一个高水平的销售教练,到底应当具备哪些潜质?又应当经过哪些系统培训才能正式展开辅导呢?

销售教练的甄选

俗话说:"打铁还须自身硬!"作为一个教练,其职责是帮助别人提升业绩或提高职业素质,那么对自身的要求就更高。因此,从甄选销售教练的角度看，以下几种类型的人，就不太适合成为辅导者：

◎ 做业务时间少于三年

虽然从业的时间不能完全对应从业的技能，但销售是跟人打交道的工作，如果没有一定的时间积累，还是很难具备一定水平的，尤其是那些产品本身就很复杂、客户的决策周期又长的公司，对于团队教练从业时间的要求，就更要严格。因此要想成为公司的备选教练，似乎还需要在销售岗位工作三年！

◎ 综合绩效表现中等以下

商场如战场，销售队伍就像部队，而部队里是要讲战功的。如果一个战士寸功未立，自己的战斗技能考核也大多不能达到平均水平，此时就要去辅导他人，恐怕被辅导者心有不服，而心有不服，则辅导效果定会大打折扣。

因此，如果某销售人员自己的绩效表现没有达到中等以上，还是暂不去指导他人为好，多投些时间和精力提升自己的业绩会比较明智！

◎ 学历水平大专以下

在许多情况下，学历并不能代表一个人的岗位技能水平，但学历跟其拥有者的逻辑思考能力密切相关。教练是一项指导他人的工作，需要系统思考对方的能力现状、应用环境、当前心态等相关因素，然后再制订有针对性的辅导计划，并且在计划执行的过程中，需要根据情况变化随时进行调整，因此如果一名销售人员希望胜任团队教练一职，足够严谨的逻辑思维能力是必不可缺的！

◎ 骄傲自大、感觉良好

骄傲自大、感觉过分良好的人，潜意识上是自以为是、瞧不起别人的。这种人如果成了教练，十有八九会在辅导过程中讽刺、挖苦、打击被辅导者，有时甚至会潜意识地希望辅导失败，因为这样便更能证明自己的确很厉害，自己的技巧别人学不了。

因此，团队中如果有业绩不错、资历也够、学历很高，但恃才放旷、自以为了不起、经常抬高自己贬低他人的成员，最好先别让他当教练，应该适时地让他尝些苦头，受些挫折，将其心态调整过来后再做考虑！

◎ 无师自通的销售天才

南非世界杯即将开赛，本人非常不看好马拉多纳做教练，就因为他是天才！

人对外部世界的认知，首先是从自己的感受开始的，一个足球天才，不用经过太多的训练，只要稍加点拨，就能动作到位且极具创造力。因而他就会认为，我能做到别人肯定也能做到，但殊不知，他一点就透，因为他是天才，别人可是凡人，掌握一项技能是需要一个循序渐进的过程的！

销售人员也一样，如果拥有极佳天赋，他会认为别人也应当有这种能力，就难以理解别人为什么掌握技巧这么难、取得进步这么慢，渐渐地就会缺乏耐心，而缺乏耐心就会产生急躁和埋怨情绪，而这种情绪就会给被辅导者造成巨大的心理压力，反而不利于辅导的顺利进行。

◎ 易自我陶醉而不屑于观察思考

有这样一类销售人员，平日好为人师，时时事事喜欢表现自己，谈什么事儿都一二三四、滔滔不绝，表面上看，似乎很适合做教练，其实不然。此种类型的人，其意识的关注要点，是自己是否闪亮、自己是否成为人群的焦点，他"好为人师"的最终目的，是博得对方对自己的崇拜，此种人委实不适合当教练！

因为当教练，主角儿不是自己，而是被辅导者，无论是辅导的内容、引导的方法、实施的步骤，都要以被辅导者为出发点考虑，而不是自己是否能在过程中闪光。所以，在很多时候，教练实际是无名英雄，辅导过程中的很多工作也都是为被辅导者做嫁衣，就像人们都知道姚明，但很少有人知道他的启蒙教练叫李章民。

◎ 性格内向，不善言辞

开会时轮到他发言他却总是往后缩，业绩做得好时让他分享经验他却说得云里雾里，让他描述清楚一件事情难比登天……此类销售人员做事情没有问题，业绩也不错，难就难在把一件事情向别人说清楚。

辅导的过程离不开沟通，这样的销售人员当然非常优秀，但难以把自己的想法和要求向别人表述清楚，平时与同事的交流也非常少，就不太适合担任销售教练一职了。

◎ **控制欲极强，总想当领导**

控制欲极强烈，经常在公共场合与人争执，他人如果不按照自己的想法做就不行。此种销售人员往往会对做教练非常热衷，但这份热衷的背后，并不是想帮助人，而是想控制别人，并在控制别人的过程中获得快感。

此类销售人员，可能非常勤奋、非常敬业、对人对己的要求都近乎苛刻，但他最缺乏的是对他人情感的理解，而缺乏这份理解，就会陷入以自我为中心的误区，即便担任销售教练，结果也往往是费力不讨好！

销售教练的培养

没有人是十全十美的，所以在经过了初步甄选之后，对这些准教练们的培养，同样至关重要！

销售教练的三项修炼

TTT

英文是"Training the Trainer"，意思是训练训练者，俗称"讲师培训"。初级的讲师培训重点放在演讲技巧上，而高级的讲师培训则应包括课程开发和培训评估。作为销售教练，起码要接受过初级的 TTT 培训并考试合格，以掌握基本的授课和演讲技巧。

销售的进程与技巧

此培训的重点，是依据客户采购的五个核心步骤，依次详细介绍每个步骤中的常用技巧。作为销售教练，此培训可以说是其辅导内容的资料库，必须牢固掌握并能够灵活应用才行。

第六章
销售教练与在岗辅导

在岗辅导与教练技术

此项内容包括销售人员的四个成长周期，每个成长周期中最常见的辅导要点，知识、技能和观念态度的学习规律，销售教练的角色、职责与修养，在岗辅导的进程与技巧等与日常辅导工作密切相关的技术、方法和步骤等。

本章总结

在岗辅导是一个完全不同于常规培训的训练模式，并且也是成熟期销售人员职业成长的重要通道之一。本章在分析了在岗辅导的优势之后，重点阐述了辅导过程中的六个核心步骤，最后，作为辅导活动的主持者，销售团队的教练，其甄选和培训的要点，本章也做了相应的说明。

本章练习

在本章开始的案例中，吉鸿和裴松之间的争论，实质是常规的外部培训与内部需求之间的矛盾，那么就外部培训和在岗辅导这两种训练队伍的不同方式来看，它们各自的优劣如何？你能不能做一下对比分析呢？（见参考答案）

参考答案

第一章 成熟期销售人员的培训要点

> 公司的发展是一个整体,而像彭亮那样,只看到自己的成绩、忽视他人的支持,此种以自我为中心的想法,是必须要进行调整的!

首先必须分析一下"缺乏全局意识,总以自我为中心"的想法是如何形成的。

在公司规模小的时候,销售部门的确是整个公司的运作中心,那时候公司的一切都围着几个销售人员转,领导大会小会地表扬、公司上上下下地关注、有了成绩大家七嘴八舌地赞美,时间一久,销售人员在公司里就会有一种优越感,尤其是公司早期的市场发展的确也需要依靠销售人员的个性魅力和创造性来实现,因为那时候公司的品牌知名度不高、产品的质量也不稳定、各种市场拉动以及技术上的支持也不完备……

正是这种以销售为中心的运作,造成了销售人员过度的自我成就感。当他们到了成熟期,这种感觉就会受到压制,因为此时公司的品牌建设已经初具规模,公司的市场支持也陆续到位,公司既需要考虑满足个别区域或客户的需求,也需要兼顾整体市场平衡和可持续发展,此时部分老销售人员的期望可能得不到支持或满足,为此他们就产生了心理上的不平衡,于是"脾气火暴的彭亮"就出现了。

要想解决"彭亮"们的火暴脾气,至少应从以下三个方面来着手:

首先是沟通,要帮助彭亮对比分析几年前的市场状况与今日的不同,在承认其以往成绩的基础上,说明当今的竞争环境、客户对公司的要求以及公司的战略发展目标等都发生了巨大的变化,如果公司依然按照几年前的操作思路,是根本行不通的!

其次要感受,即让彭亮自己感受到其他部门对其业务的支撑和促进效果,可以让彭亮在关联部门工作一两周,让彭亮在技术支持、市场促进、领导帮助等诸多环节上更加深入地了解其他部门的付出以及这种付出对业务的推动作用,同时也让彭亮感受到,其实每个部门自身的任务也非常重,他们要支持的不仅是彭亮,还有李亮、赵亮、王亮等其他销售人员,他们负责的客户的需求也很迫切,并且对公司的业绩和利润贡献一点儿也不比你彭亮的客户少!

第三要定制度,即公司要尽量明确支撑部门的工作范围和职责,并规定好支撑工作的排序规则,对其工作效率和品质也要进行框定。这样做可以使业务队伍明确公司的整体运行策略,可以避免内部的攀比或扯皮,并且对支撑部门也有约束的力量。等运行一段时间后,彭亮这样的销售人员就会理解,公司是一个整体,只有在规则的指导下才能实现整体效率最大化,自己并不是公司的中心,不应该认为所有人都必须围着自己转!

第二章 运用销售漏斗管理销售机会

> 赢率标准和漏斗位置,是漏斗管理法中两个描述销售机会特性的不同参数,因此它们并不具备等同性!

赢率标准描述的是销售人员对于某个销售机会获胜的概率有多高,而漏斗位置描述的是客户决策购买的时间距离现在有多远,因此这两个参数是描述一个销售机会的不同属性的,所以当一个销售机会到达漏斗底层的时候,是不能判定该销售机会的赢率就是高的!

但对一个销售机会而言,赢率标准和漏斗位置还是有一定的关联性

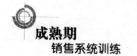

的，这种关联性最常见的表现形式有三种：

第一种是"同步"。

这是最理想也是最常见的一种相关关系，即一个销售机会随着时间的推移不断地向漏斗底层靠近的时候，销售人员通过不断地做工作，使赢率的标准不断地提高，从20%、40%提高到60%、80%，即漏斗位置和赢率提高是同步的。

但要想达到"同步"的状态，仅仅坐等是绝对不行的！销售人员一定要积极主动地推动才行，因为只有做工作，才能加深客户对自己的认可，甚至有些项目，只有主动推动，才能使客户的采购意向越来越强烈，也才能使该项目不断地向漏斗的底层靠近。

第二种是"相反"。

这是一种非常糟糕的现象。例如，原本销售人员在漏斗表层的时候，就取得了一定的赢率水平，比如40%，达到了"展示引导"的阶段，但随着客户采购意向的不断加强，客户的漏斗位置已经到达了漏斗底层，但此时该销售人员的赢率水平反而降到了20%，又退回到"了解背景"阶段！

出现"相反"的趋势，一般是客户参与采购决策的人员或是采购需求发生了重大变化，但销售人员没有洞悉这种变化，反而是竞争对手后来居上，结果是我们"栽了树"，却被对手"乘了凉"！

第三种是"分离"。

此种情况也很常见，即赢率标准与漏斗位置没有相关性。比如自始至终，销售人员的赢率标准没有太大变化，但客户采购的漏斗位置却在不断地向漏斗底层靠近；或者客户的漏斗位置并没有太大变化，但销售人员却一直在不懈地工作，赢率标准不断提高。这两种情况都显示了漏斗位置和赢率标准的不相关性，因此称为"分离"。

显而易见，在"分离"的情况当中，后一种肯定对公司更为有利，因为提前做工作提高赢率的标准，肯定会优于被动等待客户决策！

第三章 销售人员的自我管理

"一年之计在于春,一日之计在于晨",这是古时流传下来的谚语,在当今商品经济社会,如果完全照搬照抄,那肯定会有问题的!

这句谚语的前半句还是有一定的适用性的,因为国内的许多中小型公司还是把春节作为其财政年度的始终点。所以,在春天做计划还是基本适宜的。但作为上市公司或大中型企业,则一般都是以元旦为其财政年度的始终点,此时前半句话如果改为"一年之计在于冬"就更为合适了。

但这句谚语的后半句,则完全OUT了,因为对销售人员而言,如果早晨才做一天的计划,是根本来不及的!

首先,销售人员要以客户为中心,必须依据客户的作息规律来安排事情,所以许多销售人员一出家门,会直奔客户那里,争取能够第一时间见到客户,和客户尽快确定关键事项,此时是很难静下心来考虑一天的具体工作计划的,如果等拜访完客户再安排一天的计划,说不定上午已经过去大半了。

其次,销售人员即便是一上班就来到公司,通常也会被大量的紧急事件包围,等将这些应急事件处理完毕,时间也已经过去许多了。同时如果在没有任何事前计划的情况下就处理应急事件,是很容易被"M3"类事件所迷惑,最终陷入类似庞淼的被动境地的。

另外,很多公司的营销部门要求,每天上班先开晨会,而晨会的重点之一,就是向领导汇报今天的工作重点,以征求领导的意见,或争取领导对自己工作的支持,如果此时销售人员还没有形成对今日工作的整体想法,恐怕晨会的效果也会大打折扣。

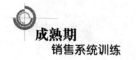

综合所述，我们可以发现，"一日之计在于晨"是非常不适合销售人员的，而实践中最好的做法应当是"一日之计在于昨晚"，即在前一天的晚上，最好是下班之前，就把第二天的工作计划安排好，这样第二天一上班，就能够从容地进入工作状态，有条不紊地应对第二天的各种突发事件，同时又能兼顾原有的计划。

此外还要注意，如果你想今晚跟客户聚一聚，那么最好在赴约之前就把第二天的计划安排好，因为与客户见面，喝点酒，情绪高涨，思维跳跃，很难分清轻重缓急和"M1、M2、M3、M4"，如果聚会很晚才结束，回到家时已经夜深，此时又困又乏，也不可能集中精力填写"待办清单"！

第四章 气愤抱怨情绪的形成与扭转

> 与阚军的谈话不会轻松，因为既要照顾到对方的颜面，又要指出对方的问题，过程中还要注意方式方法，否则不仅达不到调整其心态的目的，弄不好还会适得其反！

我们可以这样与阚军沟通：

"阚军呀，听说你对公司的市场运作和内部管理有些自己的看法，所以我今天想当面听听你的意见。"钱总一开场就直入主题。

"噢，钱总，看法倒谈不上，只是有些建议而已。"与钱总谈话，阚军的态度还算礼貌，他稍微顿了顿，继续说："我觉得公司的发展离不开延续性，一个市场最好由一个人始终如一地管理；再有，新产品推广固然重要，但客户已经认可我们的老产品了，如果再强力推新产品的话，客户的感觉会不好；另外我觉得公司对新老员工应当一视同仁，像您带着我们创业的那会儿，哪有那么好的条件，又是打车、又是软卧、每次给客户带礼品，咱们那时候还不是就靠一张脸贴、一张嘴说、一双脚跑……"阚军滔滔不绝地一下子提出了一大堆不满。

此时钱总认真地做着记录，时而点头、时而蹙眉思考。"阚军呀，你提到的这些意见很好，咱们一个一个地来，首先说说市场，你觉得现在客户对咱们的复印机、耗材、配件等这些老产品接受程度怎么样？"等到阚军告一段落，钱总开始插话询问。

"对老产品，我的感受是，客户认可是没问题的，但数量很难上去，比如我那个区域的客户基本上该买的都买了，现在也就是耗材和配件还有些市场，我下边的代理商都反映，大批购买新机器的客户已经没有了。"阚军的回答倒也实在。

"那你觉得我们的新产品，就是复印解决方案类产品，在你实地推广的时候，遇到了哪些棘手的问题呢？"钱总语气关切地将话题转到了新产品。

"这真是个大问题，我区域的客户普遍觉得解决方案类产品太复杂，不好操作，比如计算当前的复印成本、对比前后的费用变化、具体复印设备的安排等，都是具体问题，很难解决！"谈到新产品的开拓，阚军的语气颇为无奈。

"嗯，你说的是，新产品的开拓的确有不少困难，但我上个月看了一下报表，记得在你的区域里，市科委那个客户还是采用了我们最终的复印解决方案，并且我记得对方对这种以租代售的方式还挺认可！"钱总此时的表情略带兴奋。

"嗨，那个单子也是凑巧，本来我跟对方办公室主任的关系就不错，咱们这边技术部许经理又亲自盯着，正好赶上那一批又都是理能的复印机，速度快、清晰度好、卡纸少，几方面下来，客户确实觉得不错，我想如果我再跟一跟，说不定对方还能帮我介绍些其他部委的客户呢！"阚军说到这儿，表情也逐渐兴奋起来。

"对，请现有的客户做介绍，这是个不错的主意，但在介绍的过程中你觉得又有可能遇到哪些问题呢？"钱总见到阚军的表情有所变化，进一

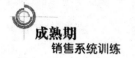

步追问。

"问题嘛……我以前在推解决方案业务时,最主要的问题是客户觉得麻烦,并且前后复印的费用计算对比也难以控制,而且跟一个客户要花费很长时间,最后还不一定能搞定,另外如果我们跟直接客户合作太多,是不是会影响跟现有代理商的合作呢?"阚军又说出了一连串的顾虑。

"嗯,有道理,这些问题确实很棘手,我看这样,回头我跟许经理打个招呼,看能不能让他们部门先安排一个人,未来两个月重点配合一下你的区域,因为我觉得你的区域面积大、大客户也多,另外你的客户基础很好,咱们就来个重点突破,你看怎么样?"钱总表情期待。

"这样好呀,其实我也想快上新业务。之前我也努力过,可好几个月下来,效果不明显,这次有了技术部的支持,我想机会还是有的!"阚军颇为自信地点了点头。

"你有信心,我心里就更有谱了。另外说句实在话,最近一两年我对大家的支持力度也有问题,特别是像小阚你这样的老销售人员,现在公司的产品转型已经是大势所趋,可我没有像几年前一样跟大家一起在市场上摸爬滚打,这是我的失误啊!"钱总说着叹了口气。

"您也别这么说,钱总,现在公司规模跟以前不一样了,您作为公司的老总,也不可能面面俱到!"阚军听到钱总自我检讨,反而觉得有些不好意思了。

"不,这不是理由,小阚,因为公司此次的业务转型关系到公司的生死存亡,正如你刚才所说的,老产品跑代理的营销模式已经根本无法支撑公司的发展了,如果一切照旧只能是越做越窄,所以新业务的开拓,应当是我重中之重的大事。我想这样,从下周开始,阚军,我拿出一半的时间来做你的行政支持,咱俩先分析一下客户情况,然后分头行动,必要的时候还可以拉上楚经理,争取用两三个月的时间,打几个新业务的翻身仗!"钱总的语气充满豪气。

"那太好了,我真想念刚进公司时的那种感觉,大家一块儿跑市场、一块儿琢磨客户、一块儿跟订单、一块儿做方案、拿下一个客户就痛痛快快地庆祝一番……"此时的阚军已是两眼放光、跃跃欲试。

"好啊,我也很怀念那时候的感觉,不过咱们还得把困难估计得足一些,我看这样,你今天先回去理一理思路,看看在你的区域里,先挑出三五个在解决方案业务上比较容易突破的,明天这个时候咱们再接着聊,下周就开始重点攻关!"钱总的语气很坚决。

"没问题,钱总,其实我区域里有潜力的客户不止三五个,我们还像以前那样,给他来个以点带面、星火燎原!"阚军说此话时,已经开始摩拳擦掌了。

……

钱总的谈话,重点没有放在阚军最近的不良表现上,而是直接从问题的根源入手,放在了如何帮助阚军打开新业务局面上,因为切中了要害,所以马上使阚军看到了希望,树立了自信,相信只要阚军把心思真正放在新业务开拓上,他的气愤抱怨情绪就会逐渐烟消云散!

第五章 成熟期销售人员疲怠感的形成与调整

> 对于成熟期销售人员来讲,不同的统计群体,其疲怠感形成的原因,的确各有不同!

同样是处在成熟阶段的销售人员,但导致其疲怠感形成的原因事件,各不相同。这种不同,又与不同的统计群体特征密切相关!

首先从不同的年龄段看:

25到35岁,造成其疲怠感的最重要原因,是"感觉没有实质性进步",体现出此年龄段销售人员的特点,是非常关注自身的成长,非常希望公司能够提供持续学习的机会,如果长时间得不到这样的机会,他们就会觉得茫然无助,最终产生疲怠感。

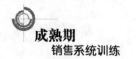

　　36 到 45 岁则不同，"对身体及精力、体力下降的忧虑"明显占了上风，体现出此年龄段的销售人员更关注自身的健康状况，会对销售工作中那些有可能给身心带来不利影响的工作内容产生较强的抵触或恐惧的情绪，长此以往，疲惫感也就自然产生。

　　到了 46 岁以上，"对领导和管理模式的厌倦"又成为疲惫感产生的主要因素，这也从侧面说明为什么年龄大一些的销售人员喜欢摆老资格，其实这种外显行为的心理动因就是觉得领导没水平、没新意，总是老一套！

　　其次从婚姻状况看：

　　已婚和未婚，在诸多原因事件上，均没有明显的差异，即婚姻状况对疲惫感的产生是否有很大影响，目前没有定论。

　　最后从是否有子女看：

　　"对家庭的负疚感"，是有子女群体最突出的疲惫感成因。这说明了有了子女之后，销售人员的心理能量更多地转向了家庭和儿女，同时在抚养儿女的过程中，又会体会到自己的成长历程，体会到父母的艰辛，因而如果其照顾家庭成员的心理需求长时间得不到满足，就会产生严重的疲惫情绪。

　　而在已婚无子女的群体中，"对领导和管理模式的厌倦"则成了造成员工疲惫感的祸首，体现出无子女的群体，更关注工作环境的质量，更关注领导的管理风格，更在意工作本身带来的乐趣。

第六章　销售教练与在岗辅导

内部教练在岗辅导与借助外部资源培训之间，的确是各有优劣，需要相互结合，才能顺利实现团队能力的整体提升！

在岗辅导与外部培训对比表

	销售教练的在岗辅导	借助外部资源的集中培训
优势	辅导内容贴近客户	系统的知识体系
	训练要点结合公司的管理环境	外来和尚的特殊作用
	能密切结合被辅导者的主客观需求	最前沿的思想及操作
	对辅导内容的应用能有效把控	同行业的经典案例
	对应用过程中的问题能随时跟进	积极热烈的教学气氛
	有助于教练与学员的情感加深	新颖多变的授课方式
	能促进其他团队成员的岗位学习热情	学习的同时能够起到调整身心的作用
	对教练也有帮助	充分体现公司对员工发展的重视
	训练的时间地点容易调配	集中而大量的信息内容
	能积累出员工培训方面的知识资源	激发整个团队的学习意识和氛围
	……	……
劣势	对教练的要求高	一次性投入的费用较大
	要占用教练的大量时间精力	集中培训对日常业务工作的打扰度较高
	需要提前对教练进行甄选和训练	内容与公司的市场及运营有距离
	需要制定并实施对应的奖惩制度	选择培训公司或讲课老师的风险较大
	学员容易产生对教练的心理依赖	培训对业绩的直接贡献度较小
	容易形成小团体小帮派	难以保证所有参与者都能准确理解内容
	教练的工作风格对学员的影响过大	难以保证培训内容的实际应用
	需要上级领导的督促和支持	不同课程之间的相关度及延续性不足
	不是每个人都适合被辅导	可能在培训的前期沟通上也要投入精力
	需外聘教练导师来辅导和督促教练	难以量化地评估整个培训的最终效果
	……	……

后记

  1992年的深秋，火车驰骋在中原大地上，车厢里烟雾弥漫，人声嘈杂，到处拥挤不堪。两节车厢的连接处，一个眼神稚嫩的青年，披着旧风衣蜷缩在角落里，他手里拿着一个小本，膝盖上是列车时刻表，正在写写画画："第一站到信阳，先见赵支队；然后往回走，再到驻马店，沈科长是关键，有机会就一块儿吃个饭；从漯河去平顶山，路最顺，但估计到那儿就挺晚的了，只能住下，只好第二天一早直接堵门口见蒋局长……"

  那是这位青年的第一次远行，也是第一次踏上自己的销售区域，那一次的旅行拜访其实很不顺利，除了费用没超标准之外几乎没有任何收获，但就是这第一次，使他成了一个推销员，成了中国数百万销售大军中的一分子。

  光阴似电，日月如梭，当年的那位青年眼角已经有了皱纹，鬓角也染上了白发，但他依然在操劳奔波，脑子里想的依然是市场、客户、方法、订单、利润……

  感谢带我迈进销售门槛的老丁主任，感谢鼓励我进入咨询行业的徐礼集老师，感谢给我第一个平台让我走上讲台的理实华恩公司，感谢东方佳讯的伙伴，感谢从业二十年来无数客户对我的信任，感谢家人特别是爱人曲燕对我的支持，没有他们，就没有我今天的感受，也没有这连续四册几十万字的脉脉文章……

  又到深秋，北京的西山层林尽染，一位中年人正穿行在山间，他费力地登上了一个缓坡后，回头望了望身后弯弯曲曲的山道，又抬头看了看前面依然不见尽头的台阶，喘了几口粗气，又开始了一瘸一拐地艰难攀登……

2010 年 9 月 20 日于北京西山

《入门期销售系统训练》

重要的不是提升销售水平,而是打下坚实的基础

万丈高楼平地起,打好基础最重要!刚加盟企业的销售新人就像一张白纸,打下什么样的底儿,就能成就什么样的事儿。因此,对他们的培训要格外慎重,一旦落下毛病,再想纠正就难了。

针对入门期销售人员的特点,本书将产品知识的学习与掌握、销售过程中的礼仪规范、企业认同感的培养和塑造作为本阶段的培训重点,帮助销售人员打下坚实的基础,并为进一步的成长做好准备。

作者:秦毅 定价:32.00元 ISBN:978-7-301-17827-0

打动客户拿下销售第一单,减少销售人员的淘汰率

《生存期销售系统训练》

生存期的销售人员,因为有了明确的业绩压力,再加上知识和技能水平都不高,所以其内心比较彷徨无助。此时如果不进行有效的培训,将会严重挫伤销售人员的积极性,甚至毁了一个有潜力的好苗子。

针对生存期销售人员的特点,本书重点阐述了客户决策与推销过程、客户知识的掌握与应用、电话预约的步骤与技巧、如何有效了解客户的采购背景以及生存期销售人员自信心的塑造与培养等问题,意在通过由面到点的系统描述,帮助生存期的销售人员熟练掌握,同时给企业各级销售队伍的管理者们,提供辅导和培训生存期销售人员的参考。

作者:秦毅 定价:32.00元 ISBN:978-7-301-17828-7

错过快速成长的最佳时期,只能从人才沦为庸才

《成长期销售系统训练》

普遍来讲,成长期是一个销售人员在一家公司的黄金阶段,能力成长最快,进取心最强,对新鲜事物的兴趣和接受程度最高,因而往往会成为销售队伍中的骨干。但管理者如果认为此阶段业务队伍不需要培训,任其发展也会达到快速成长的目的,那可就大错特错了!此阶段的销售人员也有各种各样的毛病,如不及时改正,这些毛病可能是致命的。

针对成长期销售人员的特点,本书重点剖析了如何分析客户的决策过程,如何与客户建立良好的私人关系,如何应对此阶段销售人员容易出现的自满情绪,如何掌握知识和技能的在岗辅导技巧等问题,为业务队伍整体走向成熟打下基础。

作者:秦毅 定价:32.00元 ISBN:978-7-301-17829-4